普 天 之 下 ・ 盡 是 好 書

普天出版家族
Popular Press Family

凌雲文創
A-Plus Creative Company

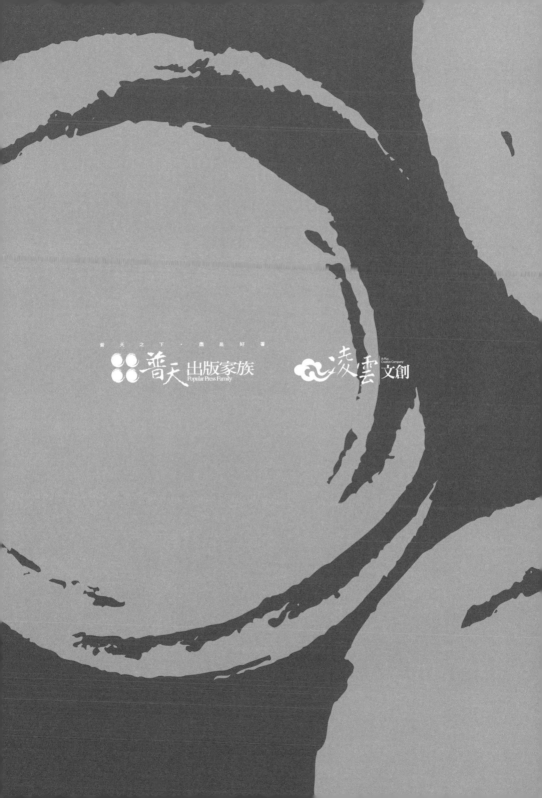

成功學大師卡耐基曾說：「一個人的成功，只有百分之二十是靠他的專業技能，剩下的百分之八十則是要靠靈活的交際手腕和爲人處世的能力。」
做人要圓融，做事要靈活，學會做人的道理，做事才會更加順利。千萬別以爲自己比別人聰明，比別人努力，就一定可以出人頭地，因爲在這個講究做人做事方法的社會，有時候能力強的人，不見得會比能力不強卻擁有靈活手腕的人還有成就。

學會做人的道理，做事才會**更加順利**

HARMONY &FORGIVENESS
THE WISDOM OF LIFE

做人要圓融，做事要靈活

羅策——編著

【出版序】

懂得做人的道理，做事會更加順利

不懂得圓融做人的道理，打不好與他人的關係，做任何事都不可能得到幫助，理所當然，更不可能輕鬆收到理想效益。

人際關係作家肯尼斯．古地曾說：「如果你能從別人的角度多想想，你就不難找到妥善處理問題的方法。」

確實，現實生活中，有很多我們無法解決的問題，癥結都出在「不懂得做人」，當你想「動手做事」之前，千萬別忘記先「動腦做人」。

做人圓融，做事才會輕鬆。先站在別人的角度去看問題，只要你能用別人的「視野」去衡量問題，那麼你的人生字典裡，就不會再出現「棘手問題」這四個字。

日本文學家夏目漱石就曾說：「人不可能孤立地生活，為了做到某些事情，必須與他人接觸。」

不僅如此，知名哲學家洛克也曾表示：「人不宜單獨生存，有必要憑藉理智與言語，加入社會群體，維繫生活。」

這兩句話，彰顯了打好「人際關係」的重要。

確實如此，人是最懂得相互利用的動物，無論是爲了什麼需求或達成什麼目標，唯有先學會做人的道理，行事才會更加順利，如果不懂得圓融做人的道理，做事就難免遭遇阻礙，無法輕鬆達成自己的目的。

人生過程中，有很多我們讓我們傷透腦筋的難題，往往都在懂得「做人」之後，困難就迎刃而解，因爲，那些看似難以解決的問題，障礙通常不是出在問題本身，而是出在製造問題的人身上。

活在世上，不管做人或做事，難免要遭遇許許多多「人性習題」。很多時候，成功者並非比失敗者有才能，只不過他們面對「人性習題」時，比失敗者多了幾分圓融與圓滑。

將這個道理印證在職場，情形更是明顯，即便處在同一個工作環境，有人能夠左右逢源、平步青雲，有人卻偏偏左支右絀、鬱鬱不得志。

究竟是什麼因素，導致如此巨大的差異？

說穿了，就在於人際關係是否圓融，能不能在日益重視團隊合作的職場中，與同事和上司、下屬們友好相處，奠定穩固的人際關係。

千萬別輕忽了人際關係的重要，以爲只要悶著頭把分內的事情完成就好。要知道，在互動頻繁且情勢變化快速的職場，人際關係實際上就像一把雙面刃，掌握得好，不愁做事得不到成效；掌握得不好，則必定難逃腹背受敵，遭人落井下石的下場。

因此，身爲一個合格的、不被潮流淘汰的現代人，你必須學會有效圓融做人的各項技巧，並確實運用於工作場合，讓身邊的同事、上司或下屬都成爲最好的助力，而非最大的阻力。

切記一個不爭的道理——做人越圓融，做事越輕鬆。

出版序 懂得做人的道理，做事會更加順利

01. 循循善誘勝過苦苦哀求

苦口婆心勸說對方，他也許不願意領情；透過循循善誘，或許他反而會心甘情願乖乖地為你辦事。

02. 做人圓融，就能八面玲瓏

世上沒有搞不定的上司，差別只在於做人夠不夠高明圓融而已。一旦懂得應付之道，做起事情來絕對無往不利。

03. 做人圓融，做事才會輕鬆

千萬不可因受到刺激而大發脾氣，只有壓抑住怒火，才能令對方的憤怒消解。保持冷靜、寬容和坦誠態度，是圓融人際關係的前提。

04.

懂得自保才能活得更好

想要保護自己不捲入紛爭，行動前一定要多加思考，特別是容易帶來負面影響的事情，更是要三思之後再作決定。

05.

要真心建議，不要惡意批評

同樣的意見，說得好是建議，說得不好是批評，所以，一定要小心謹慎，以免好心卻被誤以為惡意。

06. 人際間的爭執，處理要明智

無論狀況多麼嚴重，都會有解決的方法，因此不該逃避問題，要以積極態度展開溝通，以求消除分歧，達成共識。

07. 言語溫和勝過尖銳指責

人際相處，不可避免會有一些不愉快的事情發生，面對這種情況，要少些批評、多些理解，讓自己的溝通能力更上一層樓。

08. 共同點是搞定對手的關鍵

共同點是雙方交往的關鍵，也是突破點，只要抓住它，就等於找到了拉近彼此距離、搞定對方的最好工具。

09. 話不點破，臉就不會撕破

遇到意外情況使對方陷入尷尬處境時，有時候不一定非得要把話說破，讓對方難堪，只要點到為止，就能達到理想的效果，還能為對方作足面子。

10.

真誠的關心，什麼人都搞得定

人與人之間的關係是相互的，只要試著用心去關心別人，那麼即使是陌生人，也能夠成為朋友。

11. 準確識人，才能遠離小人

人的內心世界是相當複雜的，僅僅憑外在條件就對一個人下定語，往往是不可靠的，也是不可取的。

PART 1.

循循善誘 勝過苦苦哀求

苦口婆心勸說對方，
他也許不願意領情；
透過循循善誘，
或許他反而會
心甘情願乖乖地為你辦事。

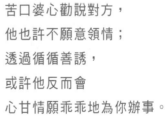

循循善誘勝過苦苦哀求

苦口婆心勸說對方，他也許不願意領情；透過循循善誘，或許他反而會心甘情願乖乖地為你辦事。

有句俗話說：「求人難，難於上青天。」

事實上，這是因爲不懂求人技巧的緣故。求人固然困難，但是只要你懂得溝通的訣竅，求人並不如想像中那麼艱難。

「求」是一種藝術，當你需要別人參與你的事情時，最好先讓他從簡單的入手，引起他對這件事情的興趣。當你要讓他人做一些比較容易的事情的時候，就要先給他一點小小的勝利，從側面誘導他達成自己的目的。

無論領導的團體大小，都必須懂得這個使人與自己合作的重要策略。

美國《紐約日報》的總編輯雷特就曾用誘導求得一位賢才鼎力相助。

當時，雷特是格理萊創辦的《紐約論壇報》的總編輯，身邊正缺少一位精明幹練的助理。他的目光瞄準了年輕的約翰．海，他需要約翰．海幫助自己成名，同時幫助格理萊成為一位成功的出版家。

當時，約翰．海剛從西班牙首都馬德里卸除外交官職務，正準備回到家鄉伊利諾州從事律師行業。雷特看準了約翰．海是個好手，但要如何使這位有為的青年拋棄自己原本的計劃，在報社裡就職呢？

經過思考後，一天，雷特請約翰．海到聯盟俱樂部吃飯。飯後，他提議約翰．海到報社參觀。那時，「恰巧」國外新聞的編輯不在，於是他對約翰說：「請你幫幫忙，為明天的報紙寫一段關於這消息的社論吧。」

約翰自然無法拒絕，於是提起筆來寫。

社論寫得很精采，格理萊看了之後也相當讚賞，於是雷特請他再幫忙頂缺一星期、一個月，漸漸地乾脆讓他擔任這項職務。約翰．海就這樣不知不覺中放棄了返回家鄉當律師的計劃，選擇留在紐約做新聞記者了。

雷特憑著這項策略，成功求得出色的人選。約翰在嘗試看看、幫朋友忙的心態之下，覺得很輕鬆，不知不覺中就扭轉了他人生航船的方向。事前，雷特一點也沒洩露他的心意，只是勸誘約翰幫他趕寫一篇小社論而已，但事情卻很圓滿地依照他的計劃實現了。

約翰在不知不覺中被雷特留了下來，雷特既沒有要求什麼，也沒有勸說什麼，只是透過循循善誘，便達到自己的初衷。

生活中的事情往往是：當你苦口婆心勸說對方時，對方根本不願意領情，但假如你採取誘導的方式，或許他反而會乖乖地爲你辦事。

爲人處世當中，當你要引起他人對你的計劃熱心參與，或者給予幫助的時候，必須要點心機。

先誘導他們嘗試一下，如果可能，不妨讓他們先做一點容易的事情，這種誘導的方式或許會使對方更加心甘情願地進入你運行的軌道。

用適當的讚揚推開求人辦事大門

要想改變一個人的想法而不傷害彼此之間的感情、不引起憎恨，就應該學會從稱讚和滿足對方入手。

美國石油大王洛克菲勒曾說：「假如人際溝通的能力也是如同糖或咖啡一樣的商品，我願意付出比太陽之下任何東西更高的代價購買這種能力。」

由此可見，人際溝通的能力在他心目中的地位。

要求他人替自己辦事，很多時候必須在他人身上仔細思量、狠下功夫。這是說服的重點所在，切中了要害，說服一定會大功告成。

海藍集團公司承包一項建築工程，預定在費城建立一幢高級辦公大廈，一切都照原定計劃進行得很順利。然而，就在大廈即將進入完工階段，負責供應大廈內部銅器裝飾的承包商卻突然宣佈無法如期交貨。這麼一來，整幢大廈都無法如期交工，公司將要承受巨額罰金。

爭執、不愉快的會談全都沒有效果，於是傑克奉命前往紐約，試圖當面說服銅器承包商。

「你知道嗎？在布魯克林區，用你這個姓的只有你一個人。」傑克走進那家公司董事長的辦公室之後，立刻這麼說。

董事長有點吃驚，「不，我並不知道。」

「喔，」傑克先生說：「今天早上，我下了火車之後，就查閱電話簿找你的住址，在布魯克林的電話簿上，有你這個姓的，就只有你一個。」

「我一直不知道。」董事長說，然後很有興趣地查閱電話簿。

「嗯，這是一個很不普通的姓，」隨即他驕傲地說：「我的家族從荷蘭移居到紐約將近二百年了。」

一連好幾分鐘，他繼續興致勃勃地說他的家族及祖先。當他說完之後，傑克就恭維他擁有一家很大的工廠，還說他以前也曾經拜訪過許多同樣性質的工廠，但跟他的工廠比起來差得太遠了。

「我從未見過這麼乾淨整潔的銅器工廠。」傑克如此說。

「我花了一生的心血建立我的事業，」董事長說：「我對它感到十分驕傲。你願不願意到工廠參觀一下？」

傑克爽快地答應了。在參觀的過程中，傑克恭維他的組織制度健全，並告訴他為什麼他的工廠看起來比其他的競爭者高級，以及好在什麼地方。

傑克還對一些不尋常的機器表示讚賞，這位董事長就宣稱是他發明的。他花了不少時間向傑克說明如何操作那些機器，以及它們的工作效率有多麼良好，最後還堅持要請傑克吃午餐。

到這時為止，傑克一句話也沒有提到此次訪問的真正目的。

午餐之後，董事長對傑克說：「現在，我們談談正事吧。我知道你這次來這裡的目的。真沒有想到我們的相會竟然如此愉快。你可以帶著我的保證回到費城去，我保證你們所有的材料都將如期運到，即使其他的生意會因此延誤也無所謂。」

傑克甚至沒有開口提出任何要求，就得到了他想要得到的東西。那些器材及時運到，大廈在契約期限屆滿的那一天完工了。

具有良好的口才，又懂得適時讚揚的人，必然是現代社會的常勝軍。想成功搞定事情，就必須掌握這門藝術，鍛鍊自己的說話能力。

用讚揚對方的方式切入，就像牙醫在拔牙之前使用麻醉劑一樣，病人雖然仍然要受拔牙之苦，但麻醉要卻能消除疼痛。

要想改變一個人的想法而不傷害彼此之間的感情、不引起憎恨，就應該學會從稱讚和滿足對方入手。

正話反說容易讓人接受

不論什麼形式的說服，一定要學會溝通的方式，使對方易於接受，讓自己的觀點順利地傳達出去。

「良藥苦口利於病，忠言逆耳利於行。」這句話往往帶給人錯誤的觀念，以為規勸別人的話必須難聽，不難聽的話便不配稱為「忠言」。

事實上並不盡然如此，關鍵在於看你怎麼說。

日常生活中，當我們在勸說別人時，往往只強調動機的利他性和方案的好處，卻忽略了別人接受過程的複雜性和說服的方式，讓人覺得是受到逼迫而不得不接受，並非是出於主觀意願。

說服方法的不當，甚至會抵消了動機和方案的優勢。一旦別人不接受你的說服方式，想要透過溝通達到自己的初衷也就會全盤落空。

想要將自己的「忠言」說得更動聽，不妨試著「正話反說」。

唐太宗李世民有一次揚言要殺掉敢於觸犯龍顏的魏徵，長孫皇后聽聞之後十分著急，急忙前去勸告李世民。

她知道如果用逆耳的「忠言」勸說，李世民不僅不容易接受，反而會讓事情越來越糟。

因此，懂得說話藝術的長孫皇后採取順耳之言規勸李世民。

她說：「自古以來主賢臣直，只有君主賢明，當臣子的才敢立抒胸臆、有話直言，魏徵敢於立言勸諫，全賴聖上賢明……」

李世民聽了這番話龍顏大悅，立刻打消了殺魏徵的念頭。

秦朝時，有個名人叫優旃，經常以正話反話的方式勸諫秦始皇。

有一次，秦始皇要大肆擴建御苑，在裡面畜養珍禽異獸，以供自己圍獵享樂。

大臣們雖然知道這是一件勞民傷財的事，但誰也不敢阻止秦始皇。

這時優旃挺身而出，對秦始皇說：「太好了，這個主意很好，多養些珍禽異獸，敵人就不敢來犯，如果敵人從東方來，可以下令麋鹿用角把他們頂回去，就不用派士兵了。」

秦始皇聽了不禁會心一笑，明白了自己的決策不妥，因此立刻改變了擴建御苑的決定。

優旃的話表面上是贊同秦始皇的主意，但實際的意思則是說如果依照皇上的意思辦，國力就會空虛，敵人就會趁機進攻。

這樣表面上贊同了秦始皇，同時也保全了自己，更重要的是它促使秦始皇醒悟，進而達到說服的目的。

直言不諱固然可貴，但仍然要視當時的情況與雙方的立場。

不論什麼形式的說服，一定要學會溝通的方式，使對方易於接受，讓自己的觀點順利地傳達出去。

交際是一門既傳統又現代的科學，也是人生的必修課程，如果僅僅靠古人的幾條垂訓和社會經驗的總結，是很難學好的。

只有以認真的態度對待交際，在實踐的過程中勤於思考，遇事具體分析，才會眞正懂得溝通與交際之間的具體關聯，並且眞正了解該如何審時度勢，應用最恰當的方式扭轉對方的想法，搞定棘手的事情。

「以退為進」更容易獲取信任

利用人類的「彆扭心態」，採取以退為進的方法來取得對方的信任，可以順勢達到自己的目的。

現代社會分工越來越細，很多事情僅僅憑著個人的力量是難以完成的，這個時候往往需要獲得他人的協助。

求人辦事的過程中，「以退爲進」更容易獲取對方的信任。

很多時候，過分強調自己的目的，或是過度堅持自己的看法，並不一定能獲得預想的效果。相反的，採取「退」的策略，反而更容易達到目的。

某公司行銷部門的課長要推行一項計劃，必須經過總經理同意。

對於這個計劃，課長已經事先徵詢過部門經理的意見，經理也表示贊同，並答應協助課長勸說總經理。

當他們到了總經理辦公室，課長先向總經理做了大致的陳述，總經理思考片刻後轉頭問部門經理：「你覺得這個計劃如何？」

部門經理的回答卻讓課長很失望，「我認為還要再詳細探討！」

課長對於部門經理的臨場反應百思不解，為什麼臨時卻改變了心意呢？結果，總經理只答應「再考慮一下」，這份計劃並未立即通過。

「經理怎麼這樣？」課長心裡嘀咕著，幾天來，心裡一直很不是滋味。

過了一個星期，讓課長感到意外的是，總經理竟然同意了他的計劃。

原來，部門經理在他們交談之後，又另外找機會說服了總經理。

這位經理使用「以退為進」的手法，終於讓總經理點頭同意。試想，假如部門經理和課長在當下同聲一氣一起說服總經理，這個計劃很有可能會被立刻否定，連深入考慮的機會都沒有。

美國準備脫離英國獨立之時，十三州代表集聚費城舉行憲法會議，會中分為贊成派和反對派，討論相當激烈。由於出席者中有著人種、宗教等方面的差異，利害關係各異，會議進行過程中充滿了火藥味和互不信任的氣氛。出席者的言詞都非常尖銳，甚至還有人身攻擊。

眼看會議即將破裂，這個時候，持贊成意見的富蘭克林適時地站了出來，不慌不忙地對人們說：「事實上，我對這個憲法也並非完全贊成。」

此話一出，會議紛亂的情形立刻停了下來，反對派人士都用懷疑的眼光看著富蘭克林。富蘭克林停了一會兒，繼續說道：「對於這個憲法我並沒有信心，出席本次會議的各位，也許對於細則還有些異議，但不瞞各位，我此時也和你們一樣，對這個憲法是否正確抱持著懷疑的態度，我就是在這種心境下來簽署憲法的……」

經富蘭克林這麼一說，反對派的激動和不信任的態度終於平息下來，他們反而希望給個機會，讓時間驗證這份憲法是否正確，這樣一來，美國憲法終於順利通過。

對於一件事情，如果一味地強調好的一面，那麼對方對於你所說的話就會存有不信任的潛在心理。

這時，不如利用人類潛在心理的「彆扭心態」，採取以退爲進的方法來取得對方的信任。富蘭克林就是利用了這個技巧，先說一些對於自己所處的立場不利的言詞，使對方反而產生了信任感，再順勢達到自己的目的。

大凡辦事成功的人，都是視野開闊的人，他們不但瞭解自我，而且還能深知他人。一般來說，想要搞定難纏的人之前，要對對方的立場與心理狀態有著初步的瞭解，這是以退爲進的前提，在此基礎上，進一步把握說話的技巧，勝利的天平就會向你傾斜。

關鍵人物身邊的人也要費心周旋

瞄準主要目標固然重要，但主要人物周圍那些具有相當影響力的人，有時對於行事的順暢度，會發揮意想不到的作用。

解決問題的時候，想要穩操勝券，除了著眼於上司、主管等主要負責人之外，還應該爭取足以影響這些領導者的「權威人物」的同情、支持和幫助。這麼一來，辦事才會更加順利。

也許你曾有過這樣的經驗，當自己推動某件事的時候，明明已經獲得上級主管同意，卻由於下面某個環節作梗而被擱置下來。這時，負責這個環節的人不論職位大小，就成了解決問題的「關鍵人物」。

北宋權臣蔡京曾一度被宋徽宗罷去相位，落到山窮水盡的地步。但是，野心勃勃的他並不甘心就此退出政治舞台，於是積極進行多方活動，試圖東山再起。

首先，蔡京暗中囑託親信內侍求鄭貴妃為他說情，又請深得宋徽宗信任的鄭居中伺機進言。

一切妥當之後，蔡京再讓自己的黨羽直接上書給宋徽宗，大意是為他鳴冤叫屈，說蔡京改變法度，全是秉承聖上的旨意，並非獨斷專行；現在否定了他所作的一切，恐怕並不是皇帝的本心。

這些意見的要害是把宋徽宗也牽扯進去。宋徽宗見到奏表，果然沉吟不語，但也沒批覆。這時，鄭貴妃發揮枕邊作用。她早已看到表章的內容，又見到宋徽宗的這種表情，就順勢替蔡京說了幾句好話，宋徽宗便有些回心轉意。

第三步是請鄭居中出馬。

鄭居中瞭解內情之後知道時機已經成熟，便約了自己的好友禮部侍郎劉正夫，二人先後晉見宋徽宗。

鄭居中先進去向宋徽宗說道：「陛下即位以來，重視禮樂教育等法，對國家和百姓都很有利，為什麼要改弦更張呢？」

一席話隻字未提蔡京，只把徽宗的功績歌頌一番，但暗中褒獎的卻是蔡京，因為肯定前段朝政的英明，就等於肯定了蔡京的貢獻。

接著，劉正夫又進去重複補充了一遍歌功頌德的話。宋徽宗聽了感到很舒坦，終於轉變態度驅逐劉逵，罷免趙挺之的相位，第二次起用蔡京為相。

蔡京的計謀之所以成功，在於靈活運用「關鍵人物」的影響力。

他並沒有直接去說服皇上，而是採取曲折迂迴的方式，請皇帝身邊的人爲他說情，結果如願以償。

日常生活中，不妨採用迂迴的方式來獲取自己想要的東西，也許你會因此得到意外的驚喜。

想搞定事情，要學著讓自己的手腕更加靈活，瞄準主要目標全力以赴固然很重要，但是對於主要人物周圍那些具有相當影響力的人，也要多花費心思與他們溝通。

那些人有時對於行事的順暢度，會發揮意想不到的作用。

用耐心搞定難纏的人

求人辦事時應該用耐心等候對方改變心意，只要讓對方點頭答應，還有什麼事情搞不定？

優柔寡斷的人遇事猶豫不決，拿不定主意，這種人最討厭受到逼迫，如果你過於著急，態度強硬，往往會適得其反，甚至會與對方反目成仇。

因此，對於這樣的人必須要有足夠的耐心，不能疾風暴雨，要和風細雨，慢慢地接觸、交涉，讓他反覆權衡利弊，列出多種方案進行比較，然後選擇最佳的方式，如此才能達到說服的目的。

一九三〇年，中原大戰爆發之後，雙方展開拉鋸戰。張學良因形勢不明朗而拿不定主意應該要加入蔣介石一方，還是中共那一方。

就在這個關鍵時候，蔣介石派吳鐵城前去說服張學良。由於張學良對說客拒而不見，吳鐵城便在飯店開了一套高級客房，讓夫人出面邀請東北軍將領聚會，包括張學良。

他們經常聚在一起打麻將，在過程中漸漸消除了對方的戒心而且成為朋友，話題越扯越接近戰事，吳鐵城不著痕跡地將蔣介石對張學良的渴求悄悄地灌輸給東北軍諸將領。

吳鐵城還在這個過程當中探知當年是張學良的三十歲壽誕，便秘密打了封電報到南京。蔣介石獲悉這個消息之後，先是派代表前去祝壽，接著打電報，然後親自寫了封賀卡，還送賀禮隆重祝壽。

漸漸地，張學良的態度倒向了蔣介石，最後在瀋陽發出「和平通電」，表示易幟擁蔣，終於結束了一場戰亂。

吳鐵城用耐性說服了張學良的例子，說明了只要能解決關鍵人物，就能順解決事情。但是，要搞定難纏的人物，往往需要過人的耐心。

保有充分的耐心，能讓你的思維更加縝密，讓你在山窮水盡處能靜下心來凝視，終能看到柳暗花明的轉機。

耐心既是一個人修養的展現，也是求人辦事時應抱持的心態，用耐心等候對方改變心意，只要讓對方點頭答應，還有什麼事情搞不定？

迂迴側擊才能突破僵局

當談判雙方在某個問題上爭執不下時，自信加技巧就是獲勝的關鍵。誰更自信、誰説話更有技巧，誰獲得成功的可能性就越大。

談判時，避開對方正常的心理期待，從一個對方以爲不太重要的地方展開交涉，往往可以讓對方的思考、判斷脫離預定軌道。等到對方逐漸適應你的思考邏輯後，再回到協商主題，這種迂迴側擊的方式，通常能在談判中發揮不錯的效用。

某家玻璃廠廠長率團與美國歐文斯公司就引進先進的浮法玻璃生產線一事進行談判。雙方在部分引進還是全部引進的問題上陷入僵局，廠方提出部分引進的方案，但美方無法接受。

這時，廠方代表突然轉換話題，「全世界都知道，歐文斯公司的技術是第一流的，設備是第一流的，產品也是第一流的。」

先三個「第一流」，誠懇而中肯地稱讚了對方，使對方由於談判陷於僵局而產生的沮喪情緒得以消除。接著，廠方代表又說：「如果歐文斯公司能幫助我們玻璃廠躍居為第一流的水準，那麼，我們全廠上上下下的員工都會非常感謝你們。」

這麼一來，剛剛扯遠的話題又轉了回來。由於前面說的恭維話，已解除了對方心理上的抗拒感，所以對方聽到後面說這些話時，似乎也覺得順耳許多。

「我想美國方面當然知道，現在，義大利、荷蘭等幾個國家的代表團，正在我國北部的玻璃廠進行引進生產線的談判。如果我們之間的判因一點點小事失敗，那麼，不僅是本玻璃廠，歐文斯公司方面也將蒙受巨大的損失，這不僅是生意上的，更重要的是聲譽的損害。」

這裡，廠方代表沒有直接提到談判中最敏感的問題，也沒有指責對方缺乏誠意，只是用「一點點小事」來輕描淡寫，目的當然是沖淡對方對分歧意見的過度關注。同時，點出萬一談判破裂將造成美方巨大損失。

廠方代表接著說：「目前，我們的確因資金有困難，不能全部引進，這點務必請你們理解和原諒，並且希望在我們有困難的時候，你們能伸出友誼之手，為我們將來的合作奠定一個良好的基礎。」

這段話中，已將對方視為己方的朋友，表現出現在不是在談買賣，而是朋友之間互相幫助的態度

這樣的結尾，使玻璃廠方代表所說的話顯得既通情又達理。果然，經過廠方代表的迂迴側擊攻勢之後，談判僵局打破了，雙方終於簽訂協議。

迂迴攻勢在談判中要持之有據、言之有理，提及的理由是對方沒有考慮過的，或是考慮得不周全的。只有這樣，說出來的話才有「分量」，才會引起對方的注意，重新加以思考。

使用迂迴法時，說話的態度要始終充滿自信。當談判雙方在某個問題上爭執不下時，自信加技巧就是獲勝的關鍵。

誰更自信、說話更有技巧，誰獲得成功的可能性就越大了。

掌握溝通訣竅，讓人際關係更好

人際關係往往與利益緊密相關，因此，我們應該建立禁得起考驗的人際關係，而不是速成卻短暫人際關係。

人是群居的動物，每個人生活在群體當中，人際關係就成了與人交往、與社會交流的重要管道。

在現代社會裡，如果不善於與人交往，欠缺人際溝通的能力，便會失去許多合作的機會；一旦沒有了合作關係，單憑一個人或少部分人的努力，往往難以取得眞正的成功。

幾乎所有的成功者都懂得人際溝通的技巧，都非常珍視人際溝通的能力。

艾柯卡是美國最著名的企業家之一，曾在美國民意調查中當選為「美國最佳企業主管」。

他曾經擔任美國福特汽車公司的總經理，後來卻在另一家汽車公司——克萊斯勒瀕臨倒閉時，就任克萊斯勒公司的總裁。

「受命於危難之際」的艾柯卡是如何拯救這家奄奄一息的公司，進而創造出為人們所津津樂道的「艾柯卡神話」的呢？

他的法寶之一，就是人際溝通——先搞定人，自然能搞定事情。

當時，克萊斯勒公司生產的產品品質不高，面臨著債台高築又求貸無門、人浮於事的困境，「就像一艘漏水的船在波濤洶湧的洋面上漸漸下沉」。

艾柯卡明白，要東山再起，重振企業，除了要在內部進行大刀闊斧的改革提高員工士氣之外，必須儘快著手開發新型車款，重新參與市場競爭，除此之外沒有第二條路可走。

可是，當時大大小小的銀行沒有一家願意貸款給克萊斯勒，嚴酷的現實迫使艾柯卡向政府求援，希望得到政府的擔保，以便從銀行貸到十億美元。

消息傳出之後，在社會各界引起了軒然大波。原來，美國企業界有條不成文的規矩，認為依靠政府的幫助來發展企業，不符合自由競爭的原則。

面對眼前的困境，艾柯卡既沒有洩氣也沒有抱怨，他知道溝通比抱怨更重要，因此他全面出擊。他每天工作十二到十六小時，奔走於全國各地，四處演說遊說，同時，又不惜重金雇請說客，奔走於國會內外，活動於政府各部門之間，與他互相呼應。

在演講中，他援引史實，提出證據向企業界說明，過去的洛克希德公司、華盛頓地鐵公司和全美五大鋼鐵公司都曾先後得到政府的擔保，貸款總額高達四百億美元。反觀，克萊斯勒公司在瀕臨倒閉之際要求政府擔保，僅僅申請十億美元的貸款，不該引起人們的非議。

他向新聞輿論界大聲疾呼：挽救克萊斯勒是為了維護美國的自由企業制度，保證市場的公平競爭。北美總共只有通用、福特和克萊斯勒三大汽車公司，如果克萊斯勒破產那麼市場上就僅剩兩家，如此一來就很有可能形成市場壟斷的局面，那還有什麼自由競爭可言？

對於政府部門，艾柯卡則採取不卑不亢的公關策略。他替政府算了一筆帳：如果克萊斯勒公司現在破產，將會造成六十萬工人失業，全國的失業率會因此提升〇．五%，政府第一年便必須為此多支付二十七億美元的失業保險金以及其他社會福利開支，最終又將使納稅人多支出一百六十億美元來解決種種相關的問題。

艾柯卡向當時正因財政出現巨額赤字而深感困擾的美國政府發問：「你是願意白白支付二十七億美元呢？還是願意出面擔保，幫助克萊斯勒向銀行申請十億美元的貸款呢？」

艾柯卡還為每位國會議員開出一張詳細的清單，上面列有該議員所在選區內所有與克萊斯勒公司有經濟往來的代理商和供應商的名字，並附有一份一旦公司倒閉將會在該選區內產生什麼後果的分析報告。

他暗示這些議員，如果由於克萊斯勒公司倒閉而剝奪了選民的工作機會，對於他們自己的仕途不會有什麼好的結果。

最後，艾柯卡的公共關係戰略終於獲得了成功，企業界、新聞界、國會議員都不再反對擔保，美國政府也開始採取積極合作的態度，他終於得到了用於開發新型車款的十億美元貸款。

三年後，克萊斯勒公司開始轉虧為盈，第四年便獲得九億多美元的利潤，締造這家公司有史以來最好的經營紀錄。

艾柯卡的成功經歷告訴我們，人際溝通的技巧不僅適用於爲人處世，在推動企發突破瓶頸的過程中也非常重要。

無論想解決什麼事情，都必須先解決人。

無論身爲領導者，還是普通的職員，學會運用良好的溝通，必將能透過人際關係，爲自己的生活增光添色。

人際關係並不是一日之間可以建立起來的，需要在社交場上長期的用心經營。好的人際關係需要時間來培育，從瞭解到信賴，這個過程絕非一朝一夕，或者幾天就能「一拍即合」。

此外，人際關係往往與利益緊密相關，因此，我們應該建立一種禁得起考驗的人際關係，而不是速成卻短暫人際關係。

PART 2.

做人圓融，就能八面玲瓏

世上沒有搞不定的上司，
差別只在於做人夠不夠高明圓融而已。
一旦懂得應付之道，
做起事情來絕對無往不利。

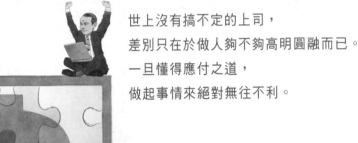

善用讚美，更添成功機會

與同事溝通時，要能夠恰當地利用讚美增進雙方的感情，這麼做能有效改善工作環境與氣氛，有利於事業的發展。

想要與人展開良好溝通，微笑是必備的基本條件，另外還有一把能有效攻城掠地的武器，就是「讚美」。

當然，讚美有很多種，若是運用不當，非但沒有幫助，還會導致反效果。爲了讓讚美確切打動人心、發揮功效，首先必須先認清讚美的兩大種類：

・直接讚美

顧名思義，直接讚美就是當著對方的面，用明確、具體的語言，直接稱讚對方的行爲、能力、外表或其他任何優點。

有一位非常精明強悍的老闆，極擅長與員工溝通，每天晚上，他都會寫一些便條給下屬，獎勵他們的某些優秀表現，例如：「傑克，你的主意很棒！好好幹吧！」

「萊瑞，多虧了你今天的優異表現，公司得到一筆大生意，今後也請繼續加油。」

因為如此，員工全都心服口服，願意為公司賣命。

另外，針對生活中的小細節進行讚美，也相當有效。

比如看見同事買了一件新衣服，你可以說：「這件衣服看起來眞不錯，穿上之後，看起來精神眞好。」

這樣的直接讚美證據及針對性極強，不會讓人誤解，效果相當好。

・間接讚美

不直接挑明，而是運用語言、動作、行爲向對方表示自己的讚賞，比如在聆聽對方談話時不斷地微笑點頭，或者恭敬地向他人請教問題，都是一種間接且含蓄的讚美，可以使對方產生好感。

接下來，讓我們認識讚美時應當把握的幾大尺度。

同事之間，恰如其分的讚美能夠聯絡感情、增進友誼，但一定要以眞心實意、誠懇坦白爲基礎，並注意時機的選擇。

進行讚美時，應該注意以下幾點：

1.讚美的話語不要太誇張，言過其實的「讚美」，往往等同於「拍馬屁」，會讓人心生反感。

2.注意讚美的次數，只讚美真正該讚美的事情。過於頻繁就失去了讚美的意義，顯得浮誇不實。

3.不要在有求於人的時候大肆讚美對方，這只會讓人覺得你的動機不良，從而增加戒心。越是在自己不求對方什麼的時候，越該真心實意地表示讚美，如此效益最大。

4.針對不同的對象，選擇不同的讚美語言。若為同輩，可讚美他的精力、才幹、業績和風度；對於長輩，可以讚美他的健康、經驗、知識和成就；對於女性，可著

重於讚美外表和服飾品味等。

與同事溝通時，要能夠恰當地利用讚美增進雙方的感情，這麼做能有效改善工作環境與氣氛，有利於事業的發展。

懂得利用微笑進行溝通的人，人緣必定會逐漸得到改善，並且相對地得到他人的讚許。

真誠的微笑是善意的信使，可以將自己的真誠心意傳遞出去。沒有人喜歡幫助那些整天皺著眉頭、愁容滿面的人，更不會信任他們。因此，即便在身負沉重壓力同時，仍要告訴自己面帶微笑，看向世界的美好，善用微笑與讚美，拉近自己與成功的距離。

做人圓融，做事靈活

謹記「做人圓融，做事靈活」的處世原則，和諧的人際關係和高超的處理能力能幫助你早日更上一層樓。

如果明瞭「糖衣有助於嚥下一口苦藥」這句話中，「糖衣」可能扮演的作用，就會懂得讓部屬保住面子，是多麼重要的管理方法。

除此之外，還可以用鼓勵代替斥責，這會使你成為一個人際關係圓融穩健的管理高手。

批評別人之前，如果能反省一下自己的缺點和過失，就能讓提出的批評更易於為人接受。正如卡內基所說：「如果批評者在開始的時候，謙卑地承認自己並非沒有缺點，那麼他的批評將不那麼逆耳。」

比如，當一個好部屬變成了一個不夠好的部屬時，你會怎麼做？

你當然可以解雇他，但這並不能解決任何問題；你也可以大加責罵，但這常常只會引起怨恨。

漢森是一家卡車經銷公司的服務經理，他的手下有一個工人，工作品質每況愈下，情況很糟。

漢森沒有對他怒吼或威脅，而是把他叫到辦公室裡，坦誠對談。他說：「你原本是個很棒的技術人才，在這條線上已經工作了好幾年，你修的車子也都令顧客很滿意，有很多人都稱讚你的技術很好。」

漢森又說：「可是最近你完成一件工作需要的時間加長了，而且品質也比不上以往水準。你以前真是個傑出的技工，我想你一定知道，我對現在這種情況不太滿意。也許我們可以一起想辦法，改正這個問題。」

對方回答他並不知道自己沒有盡好職責，並且向上司保證他所接的工作並未超出自己的能力之外，他以後一定會改進。

那麼，事後他做到了沒有？可以肯定，他做到了。他曾經是一個優秀的技工，為了經理給予的讚賞，怎麼會做得不如過去？

當然，我們在圓融待人的同時，還要精進溝通技巧，如此不僅可以換得員工的忠誠，也可讓事情圓滿解決。

阿娟在公司市場部舉行的業務會議上，不僅詳盡地介紹自己手上的工作進度，甚至還將原本屬於老友慧賢負責的客戶情況也做了不少解釋，並提出自己的工作建議。

阿娟的發言立刻贏得上司的肯定，並責成慧賢和阿娟一起進行客戶服務。

會後，阿娟興致勃勃地想找慧賢進行討論，誰知卻討了個沒趣，很是尷尬。

阿娟百思不得其解，自己在慧賢休假期間好意代她爭取了幾個客戶，還幫她訂出工作計劃，為什麼慧賢不但不感謝，還讓自己如此沒面子？

另一個同事「點醒」了阿娟——雖然是好意幫忙，但有關他人的客戶工作建議，應該先和對方商量，再拿到業務會議上討論。否則，即使是誠心幫助，但慧賢會認為阿娟是故意在上司面前貶低她，讓上司認為她的工作能力和工作態度有問題，同時也會誤會這種行為是在爭功。

的確，在辦公室裡，經常會遇到「好心當做驢肝肺」的尷尬場面。此時，我們不妨先反省一下，自己是否犯了與阿娟類似的過失？

幫助同事不僅要坦誠相待，有時還需察言觀色並講究技巧，否則，不僅會用熱臉貼冷屁股，甚至會因此失去朋友，適得其反。

有則寓言，講的是有一戶人家養了一隻貓和一隻狗，貓捉老鼠，狗看門，都很盡責。主人因此很高興，就賞了貓一隻野雞，賞了狗一條魚。可是，向來貓喜歡吃魚，狗喜歡吃野雞，於是牠們兩個就對換著吃了。

主人大怒，認爲貓和狗故意和自己過不去，不但狠狠地揍了貓和狗一頓，還餓了牠們三天。

貓和狗感到很委屈，便雙雙逃走了。

這則寓言，給我們什麼啓示？

・獎賞太濫

「貓捉老鼠狗看家」這本來是職責使然，天經地義，主人卻濫施恩澤，結果不僅無益於工作上的積極性，反而加大財政支出，等同多此一舉。

・忽略個性

「貓喜歡吃魚，狗喜歡吃野雞」，這是普通的常識。但主人卻不能從實際出發，而以自我喜好爲標準，這樣不僅抑制了積極性的發揮，還傷害了雙方的感情。

・缺乏調查

貓狗根據各自的需要，調換了主人賜給的野雞和魚，實在沒有大不敬的念頭，更沒有「故意和自己過不去」的想法，主人卻憑著主觀臆斷，痛打一頓，還餓牠們三天。

寓言中的「主人」由此失去了盡職盡責的「員工」，釀成不可彌補的損失。在現實生活中的管理者，如果不懂得從中汲取教訓，必將步上後塵，甚至失去更寶貴的東西。

作爲管理人員，應該在坦誠待人和處事的同時也注意其他方面，諸如從實際出發，實事求是，不以己好爲標準……等等，以策略性的手段靈活運用，圓融人際關係，處理好每一項工作。

在日常工作和生活上，每個人都有自己的方法和個性特點。對別人的短處應避免挖苦，也不要以嚴厲的態度對待他人，以免遭到怨恨。

要避免無益的煩惱困擾，關鍵在於寬以待人，處理好同事之間的關係。

阿英和阿麗是某公司同一部門的同事。阿英行事風格潑辣、武斷、專橫，而且經常丟三落四，同部門的同事都不大喜歡她的辦事方式。阿麗則相反，做事勤快，辦事縝密、穩重，深受大家歡迎。

有一次，業務經理準備送一份文件到某公司，得知阿英外出辦事順路，便讓她帶過去，但粗心的阿英卻把文件忘在公司裡。

當阿英發現文件遺失，急得團團轉、不知所措的時候，阿麗及時送來了文件，讓她交到該公司。

原來，阿麗發現阿英把文件遺落在辦公室，便立刻幫她把文件帶來，避免公司的信譽受到損害。

事後，阿英感激阿麗幫了自己的忙。阿麗則趁機婉轉地批評了阿英的做事方式。阿英受到教訓，也誠心地接受批評，並保證以後努力改正，不再犯類似的錯誤。阿英和阿麗還約好，以後互相提醒，避免再出現差錯。

從此，她們倆成了一對好朋友。

謹記「做人圓融，做事靈活」的處世原則，對自己的工作將會大有幫助。和諧的人際關係和高超的處理能力，足以幫助你更上一層樓。

溝通良好，管理更具成效

做人做事手腕圓融，並且可以做好雙向溝通的管理者，才能對自己的所需和部屬的特長有比較詳細的了解。

想成爲優秀的管理者，應該避免以自己的喜好來判斷一個人或一件事，因爲這樣的管理者永遠也不可能培養出好的部屬。如果將自己的偏好反映在人事編制和營運上，太過極端的表現將會使整個團體失衡，面臨危險的處境。

某家聲勢如日中天的某電腦公司，在達到鼎盛時期後，傳子意識頗濃的總裁力排衆議，堅持把總裁的位置傳給兒子。

但是，他的兒子不僅能力平庸，缺少運籌帷幄的能力，而且缺乏對全局的了解，面對公司接二連三出現的財政危機也不知所措。

不僅如此，他非但不能根除弊病，還使部屬大失信心，結果原先公司的得力人才相繼離開，管理高層元氣大傷，短短的幾年竟導致公司虧損連連。

這正是管理者盲目重用，排斥異己，因而經營失敗的典型例子。

雖然受重用的人會心存感激，但那些被排斥的人卻會覺得上司不喜歡自己，因而開始排斥工作，甚至故意破壞。表面上看起來，這些人依舊服從管理者的命令，但背地裡卻往往會有意無意地散佈謠言。

所以，一位好的管理者應該站在中立的立場，評估每位部屬的「個人能力」，並公平傾聽所有人的意見，發掘他們的優點並充分利用，不能依自己的喜好選擇要靠近或排斥任何人。

雖然服從命令的人的確討人喜歡，但這種人對團體而言並無實際幫助。反倒是那些和自己不合但對團體有幫助的人，才應該被重用。暫且不論私交如何，至少在公事上，管理者必須要有這種冷靜的判斷。

再者，如能處理好上下關係，讓自己左右逢源，事業就能夠不停進步。人都是有感情的動物，如果部屬對管理者不信任，不肯服從指示，就表示這位管理者無能。只有眞正了解自己的部屬，才能發揮領導作用。

光靠誇大、敷衍的說詞是不具說服力的，誠心鼓勵的話語才能打動人心。例如在傳達命令或交代事項時，熱情地請對方坐下，沏一杯茶，說幾句體貼問候的話，都會使部屬感受到上級的關心和尊重，也爲談論正題營造了一個良好的氣氛。

雖然說，要求部屬做事是理所當然的，但如果能靈活運用一些人際交往的技巧，往往更能讓員工心悅誠服。

要知道，那些知識經驗豐富，有行動能力，但卻無法發揮團體力量的管理者，多半都是因爲缺乏與部屬的良好溝通。

簡單的說，做人做事手腕圓融，並且可以做好雙向溝通的管理者，才能對自己的所需和部屬的特長有比較詳細的了解，底下的人也才更願意盡己所能，把分內的工作做得更好。

說話謹慎才能明哲保身

> 人性是複雜的，掏心掏肺或許可以代表你的真誠和熱情，但是難保別人不會利用你的弱點，將你玩弄於股掌之中。

我們生活在一個龍蛇混雜的社會中，每天都因爲生活上或工作上各種原因與形形色色的人打交道。

在公司裡，身爲中階主管的你，除了必須面對上司、同事、客戶，還必須面對衆多的下屬。

穿梭在這麼多不同的人之中，想要遊刃有餘地處理好各方人際關係，讓每一個人都能在自己的位置上充分發揮才能，爲公司盡一份心力，的確需要非凡的交際手腕和管理才能。

你必須明白，良好的人際關係，對你的工作有著不可低估，推波助瀾的作用。不只是身居主管職，任何一個上班族都應該學會處理好各種關係，沒有半點馬虎，無論在什麼環境和條件下都是如此。

有的人因爲不懂得人際關係的技巧，以至於總是無意中得罪人，花了大量的精力，做了比別人更多的努力，卻仍然得不到升遷的機會。

那麼，如何處理好與上司的關係？如何使部下更能發揮潛力？使你在工作中如魚得水，在人際關係上左右逢源呢？

不妨回過頭來想想，你是否曾經有過話說到一半，對方的表情卻突然冷下來的經驗？就算事後知道，原來自己當時說了一句不該說的話，但此時，雖然你想向對方表達歉意，可是由於事過境遷，也不曉得該如何提起了。

別忘了一個重點，平時與人交往，不論是上司、下屬，認識和不認識的人，都必須謹言慎行，不要一下子把心掏出來，該說的與不該說的統統全盤托出。

要知道，人性是複雜的，掏心掏肺或許可以代表你的眞誠和熱情，但是難保別人不會利用你的弱點，將你玩弄於股掌之中。

即使對方是你十分熟悉的同事，在工作場合中，也應該視周圍的環境和氣氛選擇談話的主題與內容，不是任何話都可以說的。

休息時也應注意，儘量避免嬉鬧，以及談論與工作無關的事情。否則很容易讓上司或老闆留下不好的印象，甚至因此被炒魷魚。

必須從現在開始就嚴格要求自己，以免到時後悔莫及。要知道，說錯話形同覆水難收，是無法彌補的，不可不愼！

殘酷的實話實說，不如不說

別以為當眾糾正他人性格上的弱點是「愛之深，責之切」的做法，在別人看來，這只不過是和當事者過不去而已。

在不少場合，實話是不能直接說出來的。

雖說做人不必時時虛偽應酬，但直話直說、毫無顧忌的說話方式，畢竟僅止於理想狀態中的人際交往模式。在實際情況中，直言直語往往很容易刺傷別人，也讓自己損失人緣。

王明是某公司中級職員，他的心地是大家公認的「好」，但卻一直無法獲得升遷。反觀和他同期進公司的同事，每個人不是已經外調獨當一面，就是成了他的頂頭上司。

再者，雖然每個人表面上都稱讚他「好」，但他的朋友卻很少，不但下了班不曾與同事有過聚會，在公司裡也常常是獨來獨往，似乎不太受歡迎的樣子。

事實上，王明的工作能力並不差，也有相當好的觀察分析能力。問題是，他總是說話直率不加修飾，因而直接或間接影響到他的人際關係。

像王明這樣喜歡直話直說的人，說話時常只看到現象或問題，也常常只到自己「不吐不快」，很少考慮到別人的立場、觀點和感受。

當然，他的話也許是一派胡言，但也有可能是一針見血，不過無論何者，都會讓人覺得心裡不舒服。

若是一派胡言的直言直語，對方就算知道，但也不好當場發作，只好悶在心裡；如果是一針見血的實話，因爲是直指核心，更容易讓當事人做出自我防衛式的反擊，若對方招架不住，恐怕也會因此懷恨在心。

換句話說，一味直言不論是對人或對事，都會讓人受不了，連帶讓你產生人際關係障礙。別人寧可離你遠遠的，以免一不小心就聽到你直話直說；如果不能離你遠遠的，那麼就想辦法把你趕得遠遠的，才能夠讓自己眼不見爲淨，耳不聽爲靜。

而且，喜歡直話直說的人，一般都具有「正義魔人」的性格特徵。由於這樣的人言語殺傷力很強，所以很多時候常被人利用來揭發內幕或攻擊他人，以達到某種目的成了犧牲品。

因爲就算成功了，也是鼓動你的人坐享其成，你卻分不到多少好處；不成功，你自然會成爲別人的眼中釘，被排進報復排行榜。

阿華原來是個性格耿直、有話直說的人，因此被主管看重，升為小組長。

有一年，主管派阿華到公司人事課去整理檔案，面對一堆堆檔案，阿華一開始還整理得蠻起勁的，但看到後來，卻慢慢覺得不寒而慄。

因為那些檔案裡面，有不少人只是因為說了一句不該說的話，或者是發發牢騷，就從此被打入冷宮。

經過這場「震撼教育」，阿華就像是換了一個人似的，再也不跟主管頂嘴，上面說東，他絕不說西。另外，為人處事也變得圓滑起來，無論什麼事情，都不再過去那樣將是非對錯弄得黑白分明。

耿直的阿華，成了老成世故的角色。變化後的性格，對他的前程是有利還是有害，這很難定論，不過有一點卻是可以預測的：世故的阿華犯錯的可能性極小，更不可能禍從口出。

雖說像阿華這樣的人，在同事間一般都不受歡迎，不過話又說回來，說話注意場合、對象，這是任何上班族都應該注意的事。

須知在人際交往中，直話直說往往是一把雙面利刃，傷害別人的同時，自己也付出了一定的代價。

因此，若你正好具有這種直言不諱的性格，在與人來往時應注意，無論何事，最好避免直截了當地指責他人的不當之處，或是當眾糾正別人性格上的弱點。別以爲這是「愛之深，責之切」，在別人看來，這只不過表示你和當事者過不去而已。

因此，能不講就不要講，一定要講的話，點到爲止即可，而且還要懂得迂迴，千萬不要莽撞行事。

直話直說，有時就像一把鹽撒在別人的傷口上，讓人痛苦不已，爲了不傷害別人，也不傷害自己，同時建立起良好的人際關係，這點務必要注意。建議你，話到嘴邊時，盡可能先想想說出來的效果，若既不傷人，也不傷己，就但說無妨了。

其實在現實生活中，做個自以爲是的演講者，還不如做個靜靜傾聽的觀衆。只要懂得與同事保持適當距離，凡事圓滑處理，採取中道而行，謹記「人不犯我，我不犯人」的道理，公平對待每一位同事，避免建立小圈子，做起事來就能更爲輕鬆，成爲辦公室中的生存者，而非受害者。

抓住上司的心，就能步步高昇

千萬不要總是用同一招對付不同的上司，而是要憑藉你的機敏，做到「見人説人話」，才是真正圓融的交際手法。

身爲中階主管，想要處理好與上級的關係，最重要的，莫過於摸清你的上級究竟屬於哪種類型。

有些人天生脾氣暴躁，情緒容易失去控制。這樣的上司常常會爲了一些小事大發脾氣，甚至公開斥責下屬，讓人難受極了。

據心理學的推斷，讓下屬害怕的上司，往往只是權力慾作祟而已，既然不可能請他求助心理醫生，唯一可以做到的就是自我保護。

當上司大發雷霆，不要試圖推卸責任或解釋，只要告訴他，自己會注意這種情況，並且會立即著手調查，然後離開現場即可。因為目標一旦消失，上司就沒有咆哮的對象了。

另外，有些上司往往喜歡抓權不放，除了對下屬的工作吹毛求疵之外，最叫人討厭的是他們會像暴君一樣，連你的私事也過問。

例如，不准你跟其他部門的同事交往，不准你下班後上英文課，不准你在下班時間與同事一起消遣。

但是，充實自己是你的權益，也是在職場打拼最重要的武器，所以切莫放棄業餘的進修課程，更何況上司根本無權反對。

記得，堅持自己的原則，即使上司利用加班制裁你，也不必懼怕。不過，別忘了你反抗的目的只是要爭取自由和主動，而非在公事上與上司作對，而且也不宜在其他人面前批評上司，以免產生後遺症。

如果很不幸的，你有一位欺善怕惡的上司，不僅做事缺乏責任心，也不懂得體諒下屬，疑心病又重，肯定會讓人滿腔怨言。

記住，這時候的你千萬不能隨意向其他部門的同事訴苦，指出上司的不是。想想，就算弄得人盡皆知，這些同事又可以幫上什麼忙呢？只不過是爲他們提供了一個茶餘飯後最佳的八卦題材，讓事情越鬧越大，對你並沒有好處。就算這一切都是事實，但站在老闆的立場，絕對不會喜歡背後中傷上司的員工。

另外，許多新官上任、春風得意的上司都喜歡擺出高高在上的架子。或許你的新上司恰好是此道中人，讓所有同事們都十分看不順眼，只能敢怒不敢言。

但是聰明人肯定明白，跟上司作對只有吃虧的份，然而，拍馬屁也一點都不切實際，因爲權勢往往是瞬息萬變的，盲目拍上司的馬屁，有時並不見得划算，一旦公司權力更迭，一切又要從頭來過。

所以，你不妨儘量遷就對方，只要不違背個人的做人原則就夠了。

再者，有眼光的老闆會特別欣賞有創意的職員，因爲這樣的人才不易發掘。所以你若有個足具創意的方案，也可以試著找個適合的時機提出。

如果上司是個開通、願意培養後進的人，你可以找一個較輕鬆的場合，如喝茶或午飯時，詳細解說自己的計劃，如果他贊同，並表示可以預備一份計劃書，稍後呈上讓他仔細參詳，就可以免去一些與擔任此項工作的同事產生矛盾衝突的機會。

不過，上司若是個小心眼的人，奉勸你還是暫且把計劃擱置，伺機直接向老闆提出。但是要避免刻意面見老闆，不如選在每年或每月一次的會議中，大膽而小心地把新意見和盤托出吧！

雖說尊敬上司、服從上司和努力工作，是每一個上班族都必須做到的，但如果遇上難纏的對象，相處上還是要懂得運用一些技巧。

只要記得，千萬不要總是用同一招對付不同的上司，而是要憑藉你的機敏，做到「見人說人話」，才是眞正圓融的交際高手。

靈活變通，做事才輕鬆

我們無法選擇上司，唯一的應對方式，就是隨著情況改變做法。只要能懂得靈活變通，做起事來絕對輕鬆！

在職場之中，除了要懂得抓住上司的心，當你面對一些令人無法忍受的上司時，也必須有不同的應對方式。

假設你的上司經常遲到早退，不只讓你覺得不公平，最讓人受不了的，大概還是會影響工作進度的問題，因爲很多決策不能及時由他批示，一旦出錯，你就免不了得揹上「辦事不力」的黑鍋。

這時候你會怎麼做呢？向老闆申訴？沒錯，此舉確實可以讓你免去揹負黑鍋的麻煩，可是一旦將上司的偷懶情況公開，到頭來，反而可能爲自己造成更大的不利！

要知道，一名有遠見的老闆，不會因職員打了一兩次小報告，就對該名主管採取行動，而是會懂得保存對方的尊嚴。

另一方面，身爲上司被下屬投訴，實在是一件丟臉至極的事，再寬宏大量的人，也無法容忍這樣的事發生，於是，你立刻成了頂頭上司的眼中釘，以後的日子還會好過嗎？

但是，難道就只能敢怒不敢言？

不妨試試以下的辦法：儘量記錄下上司不在時發生的大小事，以及所有找他的電話，等他出現，立刻如數家珍地逐一向他報告，確實讓他明白，你的公務是如何繁重。

不過，要是你的上司不僅懶散、遲到早退嚴重，卻又喜歡搶人功勞，那麼又該怎麼辦呢？

相信，每個人努力工作、爭取表現，目的就是希望有朝一日獲得賞識，若因爲努力的成果被人據爲己有就打退堂鼓，未免有些消極。再者，一切從頭開始，等於打仗重新佈陣，實在太浪費時間精力了。況且，如果一遇到困難就急著退縮，那麼你也註定難登成功之巔。

這時候，不妨勇敢面對挑戰吧！

一般而言，這類上司在接到重大任務時，必然不假思索就交給你去執行，當任務大功告成，他又會一手接過，將你的辛勞抹煞，一切當作是自己的努力成果，爭取老闆的信任和讚賞。

你當然不能當面拆穿，因爲這只會讓自己處於不利之地。比較理想的做法是，在每一步驟進行時，有意無意爲自己找到見證者。一定要確保有人知曉整件事的來龍去脈，即使最終的功勞讓上司奪走，在公司也必然有人曉得眞相，一傳十，十傳百，就能夠達到你的目的。

有不少人喜歡玩弄權力、公私不分，如果偏偏你就遇上這樣的上司，常常要你替他做私事，肯定讓你十分氣憤。

此時，你要做的就是巧妙拒絕，但必須以不影響前途爲最大前提。

要訣就是，得在第一時間說「不」！

例如，上司要求你替女兒寫報告，不妨告訴他：「對不起，實在幫不上忙。」如果時間是下班後，那就更好辦了，你可以找個理由，說自己因爲晚上有約會，不能遲到，翌日他再次提出要求，你可以再找理由推卻，一而再再而三，對方就會知難而退了。

若這種事發生在工作時間內，你也可以以工作太多爲由大方拒絕。由於上司本身理虧，不可能強迫你一定得做，只會悶在心底，但只要你工作認眞不犯錯，他也無可奈何。

我們無法選擇自己會遇到何種上司，因而唯一的應對方式，就是隨著情況改變自己的做法。記住，只要懂得靈活變通，那麼做起事情絕對十分輕鬆！

做人圓融，就能八面玲瓏

世上沒有搞不定的人，差別只在於做人夠不夠高明圓融而已。一旦懂得應付之道，做起事情來絕對無往不利。

假使你的上司最愛別人給他戴高帽，一聽到讚美之詞就眉開眼笑，什麼事都好辦，眼見許多同事都因爲精於此道，一個個升職的升職，加薪的加薪，討厭阿諛奉承的你或許會覺得滿腹委屈。

其實，如果能換個角度想，讚賞別人並不見得是一件困難的事，也不一定是虛僞的，重點是要依據事實，而非憑空吹捧。

每個人都有自己的長處和短處，只要你懂得「隱惡揚善」，加一些善意，用詞稍稍誇張一點就可以了，這樣一來既不違背你的良心，又能讓對方高興，何樂而不爲呢？

最簡單的，就是經常留意上司的言行舉動，甚至衣著打扮，只要有一點點是你覺得合意的，就抓緊機會，大方表示心中的好感。只要記住說話時不要矯揉造作，一切就會顯得自然多了。

有些時候，上司其實不是不好，只是因爲太過優柔寡斷，經常朝令夕改，因而讓人辦起事來不知所措。由於他的地位比你高，你似乎也不能當面批評他什麼。但是，當你自覺無法長久忍氣吞聲時，不妨在適當時候做出某些反應吧！

例如，遵照上司指示，迅速擬妥一份計劃書，呈上去時，如果對方力指計劃書有所不足，你可以試著委婉反問：「一切都是按您的意思做，您覺得還有什麼地方要改進的嗎？」

多數上司心目中最理想的下屬，往往是願意自動早到遲退，當然，如果工作果眞忙得不得了，犧牲一下私人時間是値得的，正所謂一分耕耘一分收穫。然而如果上司無理要求你超時工作，你就該表明態度，別讓他得寸進尺。

要是遇上魯莽的上司，你多半得跟在他後頭收拾殘局，切忌斥責或企圖教化他，更不可越級向他的上司投訴。

不過，也不必特意爲他隱瞞事實就是了。

有些上司十分固執，又沒耐性，不能容忍別人的錯誤。從某種程度上來看，從這類人身上，可以學習到怎樣迅速達到目標，並乾淨俐落地處理難題，對你未嘗不是一件好事。一旦能達到他的嚴格要求，那麼升遷絕對不是問題。

簡言之，世上沒有搞不定的人，差別只在於，你究竟懂不懂得方法、做人夠不夠高明圓融而已。一旦可以輕鬆應付各種難纏的對象，那麼做起事情來，絕對是輕鬆而又無往不利的。

PART 3.

做人圓融，做事才會輕鬆

千萬不可因受到刺激而大發脾氣，
只有壓抑住怒火，
才能令對方的憤怒消解。
保持冷靜、寬容和坦誠態度，
是圓融人際關係的前提。

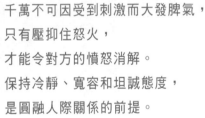

找到訣竅，與上司相處融洽

一旦了解上司的個性，就好像抓住對方的小辮子。好好歸納上司的性格、品行及特點，就能決定應該如何與之相處。

任何人步入社會，都會遇到一種叫做「上司」的人。他們掌握著自己的升遷和降職，直接對自己的薪水袋發揮作用。在這些人之中，不乏有驕橫跋扈、貪婪集權之輩，當然也有通情達理，知人善任的人。

如果能在和上司相處的過程中，讓他領教自己的才學博深與忠貞不二，迅速成爲他的知己，那麼你的事業將形同踏上坦途，距離成功也越來越接近。

因此，熟悉上司的興趣、嗜好，了解上司的個性，以及掌握上司的家庭背景等周邊情況，並適時合宜地加以運用，就成了身爲部屬者必備的常識之一。另外，休假、節日時與上司的禮尚往來，也是不可忽視的一環。

有人認爲，工作以外的時間不必費那種心思。這種論調乍聽之下好像有點道理，但在實際情形之中是會讓人吃虧的。也許上司本來有意想拉你一把，卻覺得你似乎不是與他很熱絡，慢慢的，也許就漸漸不再想到你，而是注意到其他更有手腕的同事，這不是莫大的損失嗎？

不妨試著把上司及上司家人的生日，在桌曆上做個醒目的記號。最好是記在生日當天的前兩三天處，這樣可以提醒自己及早做準備，以免太過倉促。

千萬不要等別人的生日已經過了，才故作恍然大悟的樣子。事前的一張小小的賀卡，效果都大過事後的任何「補救措施」。

若是生日的前幾天正巧是假日或節日，就可以名正言順地買點禮物做賀禮，親自送到對方家中。如果是重要的上司，除了送禮物之外，甚至還可以爲他辦一個生日宴會，這也是一招很管用的戰術。

雖然下屬送禮祝賀上司家人的生日，會讓人認爲是在拍馬屁，但是無論如何，對方還是會欣然接受這種祝賀，並對送禮的人心存好感。

想想，讓人覺得高興，感到快樂幸福，不正是打好人際關係最好的方法嗎？尤其是對自己的上司和他的家人，更是忽視不得。

另外，最好能養成每天上班前瀏覽新聞的習慣，注意當天是否有什麼重大事件。一旦發現客戶或是上司住處附近，發生火警或盜竊等事件時，就可以馬上打電話探問。即使離事件的發生地有一段距離，還是可以表達關心。要知道，這種忠誠和好意不僅上司本身，就連上司的家人也會產生好感。

尤其，如果事件發生在重要客戶的公司附近，最好盡快向上司報告，請他打電話去探問。這對上司是非常有幫助的，不但會高興地撥這個電話，而且對提供消息的部屬也會心存感激，或留下細心的好印象。對下屬來說，無異是另一種接近上司的方法。

不過，在使用這個方式時，一定要注意到事件的時效性。事件發生當下出現的關心電話，一定比事過境遷後的電話更令人感動。

還有，必須打電話探問的事件，大致上是重大的天災、車禍或是火警，甚至是死亡訃告等等。向死者致意，是討好生者最好的方法之一，這種發自內心的誠意，最能引發別人的同感。

另外，了解上司的個性也很重要。不同的人有不同的性格，不妨試著了解與你每天相處八小時的上司，性格是否和自己相衝突。

一旦了解上司的個性，就好像抓住對方的小辮子一樣，好好歸納出上司的性格、品行及特點，就能決定自己應該如何與上司相處。

無論如何，知己知彼並運用圓融的交際手腕，方能在表現自己之餘，和上司相處融洽，進而讓職場之路走得更順暢。

做人圓融，做事才會輕鬆

千萬不可因受到刺激而大發脾氣，只有壓抑住怒火，才能令對方的憤怒消解。保持冷靜、寬容和坦誠態度，是圓融人際關係的前提。

待人必須坦誠，在工作中，無論是上級、同事，還是部屬，都應該一視同仁，彼此坦誠相見。

事實上，工作中的許多抱怨和不滿，都是因爲某些誤解和猜疑造成的，如果不能彼此敞開心扉，相互諒解，就很容易造成積怨，甚至發生一些不該發生的事，蒙受不必要的損失。

作爲管理人員，排難解紛是職責之一，但要如何才能公正地處理呢？

遭遇問題，切記先將情況徹底釐清，哪些屬於公事？哪些屬於私事？是與整家公司有關，還是只與自己負責的部門有關？從各個方面了解事情的實際情況。比如，時間、地點，以及以前是否曾經發生過類似的事情，當時如何解決？結果如何？是否造成任何後遺症？

了解之後，再寫下自己認爲可行的解決方法。參考以往的類似個案或公司的處理模式，仔細考慮每一種方法的可行性。不要忽略任何一個從腦海掠過的方案，但要客觀，切忌先入爲主。把每項方法的好與壞兩方面情況都加以蒐集、比較，更有利於做出全面的了解。

有些管理人員，面對脾氣火爆的部屬，常有不知所措的感覺。知道不能姑息，卻又難以控制對方。

當這樣的人犯了錯誤，作爲上司的自然必須予以批評糾正。一般人被批評時都會憤怒，這是一種保護自己的自然行爲，所以聰明的上司要做的是壓抑怒火，令他眞正面對自己的錯處。

不妨坦誠地說：「我了解你是個成熟的人，不會因爲我的批評而怒不可遏，而是理智的就事論事，對吧？」

再提醒對方，雖然對他此次的任務不滿意，但並不等於不肯再給他發揮的機會，重要的是只要他有進步的表現。

若是對方依然怒目而視，那麼不妨先休息一會，等會兒再繼續談。或者，說服他平靜下來，然後再慢慢剖析這件事，並清楚告訴他，憤怒只會讓其他人也受到影響，沒有任何好處。

不過，最重要的，還是自己本身千萬不可因受到刺激而大發脾氣，只有壓抑住怒火，才能令對方的憤怒消解。

保持冷靜、寬容和坦誠態度，是圓融人際關係的前提。

比如，客戶向你投訴某位部屬十分無禮又欠缺責任感，讓他難以忍受。

這時，身爲上司，首先要做的是立即替部屬向這位客戶道歉：「對不起，他可能只是無心的，平日他的表現不是這樣。我保證以後不會再有同樣的事情發生，請多多包涵。」

既然下屬做事不力，上司就必須負一定的責任。將客戶的怒火平息，不等於事情結束，必須進一步和部屬溝通。立刻找部屬來責備一番，也許可以消自己的怒氣，但未必會有好的效果，這樣做是最不明智的。

應該先靜下心情，對事情進行了解：這位部屬平日待人是否也是一派傲氣？處事是否馬馬虎虎？如果是否定的，那麼有兩個可能性，一是客戶本身咄咄逼人，二是部屬偶爾情緒不好，導致態度不佳。

這時，要以坦誠的態度開門見山地提醒這位部屬，以後要注意自己的情緒起伏，不要影響工作，否則將會得不償失。

但如果客戶反映的是事實，那麼就必須找部屬誠懇地談一談，直接轉告客戶的意見，並予以訓誡。斥責的前提是帶著愛心和誠意，並就事論事，避免把事情擴大。再怎麼說，與部屬談話的目的是要解決問題，並非製造更多麻煩。

畢竟，做人圓融，做事才會輕鬆。

別讓婦人之仁拖累前程

別錯把無謂的心軟當成圓融，感情用事並不會讓事情變得更輕鬆，只會造成你的障礙，甚至為你帶來危機！

很多人都想在辦公室裡當個好人，但實際狀況卻總是事與願違，既得不到晉升又受盡委屈。因此，還不如痛下決心，樹立起你在辦公室裡的威信。

不知你是否聽過以下這則寓言：

一匹狼跑到牧羊人的農場，想捉一隻小羊果腹。

這時，牧羊人的獵犬追了過來，這隻獵犬非常高大兇猛，野狼見打不過也跑不掉，便趴在地上流著眼淚哀求，並發誓再也不打這些羊的主意了。

獵犬看到牠的眼淚，心裡非常不忍，便放了這匹狼。

想不到就在獵犬轉身的那一瞬間，狼一躍而上咬住了獵犬的脖子，幸虧主人及時趕到，但獵犬還是因此流了不少血，重傷的獵犬這才後悔，當初實在不應該相信野狼的話。

雖然「婦人之仁」有時可以發揮很大的感化力量，但是很多時候，尤其是人性的叢林中，「婦人之仁」往往也會成爲一個人生存的負擔，甚至是致命傷。

就像前面寓言中所敘述的，獵犬就是因爲婦人之仁而差點丟了小命。同樣的，在職場中，過多的婦人之仁也很容易讓人動搖意志與理性，放棄原先的立場，因而傷害到自己。

要知道，當一個人的惡行因爲你的婦人之仁獲得寬容，他不見得會就此悔改，也許，反而有另外的機會犯下惡行，對更多人造成傷害。

尤其，當你身爲主管的時候，千萬別讓你的婦人之仁成爲弱點，成爲人人想利用的目標，須知，一旦敗在眼淚、溫情、請求及無辜可憐外表的之下，你將成爲最大的受害者！

一般來說，愛當好人的管理者，通常有以下幾種類型：

- 害怕遭到部屬反對，乾脆一開始就什麼也不說，這樣就不會得罪人。
- 說再多次也沒有人會遵守，最後因為沒有耐心而放棄。
- 缺乏管理智慧，結果在權威的壓力下，部屬們都很有技巧地應付，但背地裡卻想盡辦法推托責任。

以上種種，對於工作的進行是毫無效率可言的，這樣的濫好人只能說是嚴重失職的管理者。因此，如果你天生就有一顆柔軟的心，就應該要訓練自己的思考與判斷，用理性與智慧來指導行爲，不要輕易讓感情牽動。

當然，這是需要時間，但人不就是要經過這樣的磨練，才能培養出果斷的領導力嗎？切記，別錯把無謂的心軟當成圓融的手腕，眞正的圓融是有技巧地包裝原則，而非放棄自己的立場。感情用事並不會讓事情變得更輕鬆，只會造成你的障礙，甚至爲你帶來危機！

一味退讓，不是真正的圓融

圓融不是一味的退讓，在該板起臉時勇敢板起臉，該圓滑處事時扮演白臉，才是辦公室裡的最佳生存之道。

好人是現實社會裡的稀有動物，在辦公室裡似乎應該受到歡迎才對。因爲好人不具備侵略性，不會傷害別人，有時甚至還會爲了別人寧願自己吃虧。

但是這種人卻會過得很辛苦，所以才會有「好人難做」的抱怨出現。

其實，好人做得這麼辛苦，是因爲我們不懂得做那種恰到好處，利人又利己的眞正好人，結果反而成了一文不值的「濫好人」。

「濫好人」對人往往不講原則、缺乏主見，處處委屈自己順從他人，這種人性格不堅定，對自我價值認識不夠，因此會過分注意別人對自己的評價，違背心意幫助別人，只爲了在別人心目中留下一個好印象。

但是，最後的結果總是事與願違，你越想得到別人的認同，別人越是敵對你苛刻，越受到苛刻對待，你就越加倍努力以贏得別人的稱讚。這種惡性循環，使你在辦公室競賽中疲憊不堪，甚至做到死也未必會贏得好人的名聲。

陳靜曾在七家公司任過職，當她進入第八家公司之後，為自己訂下的第一個目標，就是儘量以和諧的人際關係為處事風格。

因為她深信，只有這樣才能為事業的成功鋪路，於是平事事逢迎，以求換取好人緣。但也因為她好說話，同事們漸漸養成了瑣事皆請她代勞的習慣，買便當、送東西、整理文件……等等，她也總是有求必應。

沒想到雜事做多了，分內工作卻因而經常耽擱，反而給上司留下辦事拖拉、手忙腳亂的印象。

原本想調整自己的形象，但不幸的是，同事們摸熟了她的個性，凡事都麻煩她，如果稍加猶豫就立刻冷下臉來。

一天，快下班的時候，有事提早離開的秘書請她幫忙，將一份快遞轉交給經理，由於經理出席會議不在，她便把快遞放到經理的辦公桌上。

第二天，經理卻詢問她是否看到快遞。原來，這份重要文件遺失了，她唯恐推卸責任會得罪秘書，只好義無反顧地承擔過錯。誰知老闆追究下來，竟不留情面地將她解雇。

聽起來也許很悲哀，但「欺軟怕硬」是人性的定律，習慣了享受你的好心後，誰也不會珍惜垂手可得的便利和送上門的幫助。

你是否也像這樣，辛辛苦苦地想做好人，卻搞錯了方向，成了名副其實的「濫好人」，卻只能自歎好心沒好報呢？

事實上，職場競爭激烈，已經沒有多少時間讓你歎息了，建議你還是趕快重整心情與形象，勇敢地學著扮黑臉吧！

別忘了，圓融不是一味的退讓，在該板起臉時勇敢板起臉，該圓滑處事時扮演白臉，才是辦公室裡的最佳生存之道。

恩威並施才是真管理

身為一個稱職的管理者，不僅要適時板起面孔，也要適度的讓人感受你的開明，如此才能達到恩威並施的效果。

生活中令人不愉快的事很多，特別是一些無可奈何的事情，躲不開也避不了。常常是心裡想拒絕對方，可一時又找不到合適的理由和辦法，那種處境的確讓人十分尷尬。

不過，你知道嗎？學會拒絕，勇敢說「不」，其實也是一門必修的處世學問。

世間的事千變萬化，不同的人，拒絕的方法也不同。如果從關係分類，大約可以分爲以下幾種：

・同事

同事是一種很平常的工作關係，除了上下級之分，大多數應該是平等的。由於接觸頻繁難免熟識，發展出友誼也是人之常情。

如果有人在這個階段，憑藉這層「同事關係」有意向你靠近，或者對你有所求，那該怎麼辦呢？當然，拒絕是一定的，方式也有很多，但是必須要把握一點，那就是委婉。

比如，女同事希望拒絕男同事的邀約，可請男性友人扮成男朋友，以期讓對方死心。又如果某位同事以好朋友的名義向你借錢，而且金額不小，你也應該婉言告訴他，最近手頭較緊，「假使」以後有能力一定會相助。

・朋友

如果是好朋友，由於彼此互相了解，拒絕起來相對會困難一些。

拒絕熟人若採取推諉的方式，難免會讓對方覺得你在繞圈子，反而會得罪他。因此不如乾脆把事情說開，將利害關係全部說個清楚，能不能答應，就讓他自己回答。

若是明理的人，了解你的難處之後便不會強人所難。若對方硬是要勉強你，不妨直言相告，得罪也無妨。

・當你遇到無賴

生活中，還有一種人是潛藏在各種關係之中的。不管是戀愛、交友、工作，缺乏風度的無賴，往往會以各種不同的身分出現。對待這樣的人千萬不能遷就，無論是老闆還是員工，絕對不能姑息對方的無理。

懂得如何做個「惡人」，並不是一件簡單的事，其中的哲學也不是人人都能駕輕就熟的。但是，如果了解到這麼做的好處之後，相信你也會願意朝著這個目標努力邁進。

小瑩是一家技術諮詢公司的財務主管。由於公司鼓勵員工進修，並提供讓員工報銷培訓費用的福利，員工們對於這項措施反應相當熱烈，經常有人拿著進修單據向小瑩核銷。

一次，市調部的小莉拿著一張美容學校的繳費收據找小瑩報銷，小瑩仔細審核後，告訴她這種費用不在報銷之列。

雖然小莉向她強調，經理已經簽字批准了，小瑩仍堅持這項培訓與業務無關，除非公司修改規定，否則不予報銷。

兩人你一言我一語地爭執起來，最後鬧到總經理辦公室，結果小莉慘敗，小瑩則給總經理留下了不徇私的印象。

不久，小瑩被擢升為人事部經理。有鑑於那一次的風波，同事們幫她取了「冷面悍將」的封號，只要是有悖原則的事，誰都不敢在她面前搞鬼，部屬們也被她的威嚴震懾，沒人敢有絲毫懈怠。

小瑩的部門也因此在公司裡擁有十分亮眼的業績。

一個不苟言笑，具有威嚴的人，遠比一個一團和氣卻嚴肅不足的人，更讓人覺得可以勝任管理工作。

因爲這種人看起來面黑手狠，能讓人心生敬畏。

如果你希望得到升遷和尊重，就從現在開始培養面目冷峻，堅持原則的作風吧！因爲你的「惡」絕對可以幫你排除不少干擾。

當然，身爲一個稱職的管理者，不僅要適時板起面孔，也要能適度的讓人感受你的開明，如此才能做到恩威並施，讓人既愛戴，又不敢有所僭越。

圓融處世，仍要有所堅持

要懂得視情況而定，該圓融時圓融，該強勢時也要能挺起胸膛，才能在靈活變通之餘，同時不失堅持。

在工作場合之中，若你能把自己定位爲「做人圓融但有所堅持」的人，就能排除許多額外的干擾，省掉許多麻煩，讓自己贏得更多時間和精力。

莎莎是娛樂公司的翻譯，性格沉靜，不喜交際。到公司任職之初，老闆見她衣著得體，氣質不俗，屢次勸她兼作公關，陪客戶吃飯，但都被她拒絕。最後，老闆甚至還以不服從工作安排為由說服她，但她卻從容不迫地告訴老闆，那不是自己的工作範圍，也和她的興趣相去甚遠，因此不願意做。

老闆對她的沉著態度印象頗深，從此也不再自討沒趣地把雜事分派給她，更沒有對她理由充分的拒絕懷恨在心。

茱莉在電腦公司擔任行銷人員，由於精明能幹，深得經理賞識。

有一次她幾乎談妥了一筆交易，卻被同事迪娜接手搶了功勞。

茱莉不想忍氣吞聲地為他人做嫁，便把經理請到辦公室，當著眾同事和迪娜的面，把這筆交易的來龍去脈交代清楚，最後並補充：「迪娜小姐真能幹，很懂得抓緊機會。」讓迪娜不由得滿臉尷尬。

此後，辦公室的同事再也沒有人敢在她頭上動土。

由此可知，適時做一個有所堅持，不只不會委屈自己，更不容易吃眼前虧。下屬不敢造次，同事不敢得罪，甚至老闆都不敢輕易觸你的楣頭，在辦公室中，這種形象可說是一種護身符，使你不至於被人欺侮。

人善被人欺，人惡無人惹，適時的「惡」的確能保護自己，但是也有負面效應。

要知道，這樣的形象容易得到他人的敬畏和順從，卻很難得到他人的拔刀相助，大家會對你敬而遠之，在你的威懾和驅策下努力工作，卻不會在危難時刻挺身而出，甚至會幸災樂禍，落井下石。

你若下定決心做辦公室裡的「惡人」，也可能被迫選擇孤獨，除了享受做事輕鬆，不受阻撓的快樂之外，同時也必須承受沒朋友的寂寞。

因此，雖說板起臉據理力爭，能讓你建立強大的威信，但面對任何事都以一貫強硬的作風面對，也不見得一定好。還是要懂得視情況而定，該圓融時圓融，該強勢時也要能挺起胸膛，才能在靈活變通之餘，同時不失堅持。

懂得做人，更懂得用人

身為管理階層，不只要圓融做人，還要懂得用人之道。如此一來，才能真正做到輕輕鬆鬆、遊刃有餘。

人無完人。再怎麼有才能的人也會有缺點，十全十美的才子是絕對不存在的。身爲管理者應能夠顧全大局，不必執著於一些無足輕重的細節。《郁離子》一書中，有著這樣一個故事。

趙國有戶人家老鼠成患，主人便到中山國去討了一隻貓回來。美中不足的是，中山國的人給他的這隻貓很會捕老鼠，但也愛咬雞。

過了一段時間，趙國人家中的老鼠都被捕盡了，鼠害不再，但家中的雞也全被那隻貓咬死了。趙國人的兒子於是問父親：「為什麼不把這隻貓趕走呢？」

趙國人回答說：「這你就不懂了，我們家最大的禍害在於老鼠，不在於沒有雞。老鼠會偷吃糧食，咬壞衣服，打通房子的牆壁，毀壞家具器皿，我們甚至可能會因此挨餓受凍，不除老鼠怎麼行呢？沒有雞，最多不吃雞肉而已，要是為了毫不重要的雞趕走貓，老鼠不就又出來作怪了嗎？」

這個故事告訴我們，任何事情有好的一面，自然也就存在壞的一面，用人也是如此，重點在於我們的需求是什麼。

日常生活之中，確實也有這樣的人，他們的貢獻，比起他們的缺點和所做的錯事要大得多，如果我們只是盯住別人的缺點和問題不放，又怎麼充分發揮人才的積極性呢？

•注重感情投資

我們應把握時機投資感情，這對於拉攏和控制部下有著異乎尋常的好效果。要知道，一個有人情味的上司必能獲得員工的衷心擁戴。只有和下屬打好關係，贏得

衆人的擁戴，才能促使他們盡心盡力地爲你工作。

日本著名的企業家，松下電器的創辦人松下幸之助就是一個十分注重感情投資的人，他曾經這麼說過：「最失敗的企業家，就是那種員工一看見你，就像魚一樣沒命逃開的管理者。」

據說，他每次看見辛苦工作的員工，都要親自上前爲他沏一杯茶，並感激地說：「太感謝了，您辛苦了，請喝杯茶吧！」

正因爲連這些小事，松下幸之助都不忘記表達對下屬的愛和關懷，所以他獲得了員工們一致的擁戴，每個人都心甘情願爲他及公司效力。

・創造有利於人才發展的機會和環境

建造一個百年企業，不單是將產品控制好，人員制度化，更應該不斷求新、求變，激發員工追求進步的心理。

技術到底是由人創造的，也可以用金錢買來，但是引進一個好人才卻可以創造更新的技術，形成更多更好的新產品藍圖。

引進人才與培養人才是重要的，但對企業家來說，更重要的是還要在企業中創造一個適合人才發揮的機會和環境。

・智慧與才幹是事業成功的法寶

作爲企業的主要決策者和管理者，個人的智慧和才幹會直接關係到企業的興衰，與內部凝聚力和戰鬥力。

可以說，人才就是財富。在當今科技發達、市場激烈競爭的情況下，誰擁有人才，誰就擁有財富，擁有不敗的基礎。反之，不講眞才實學，只靠關係後台的人，即使坐上管理者的位置或身居要職，但終究會被無情的競爭淘汰。

作爲一名精明的企業家，要將選人、用人作爲企業發展的一項長遠、具有戰略意義的工作。

對於管理階層來說，不只要懂得做人圓融的道理，還要懂得用人之道才行。如此一來，不管是公事，或是人際關係上的處理，才能夠眞正做到輕輕鬆鬆、遊刃有餘。

用坦誠化解紛爭

凡事想開點，不然光是一點小事就足以讓我們整天生活在憤慨和憂鬱之中，那樣會活得很累。

在這個社會上，總有許多人和事等著我們去經歷、去感受，如果事事都能夠以誠對待，將能活得更加積極快樂。

在現代社會中，激烈的競爭使人們受到越來越多來自各方的壓力，我們時常會聽到有意無意的消極抱怨以及牢騷。

比如，有的人喜歡道聽塗說，講話不負責任，甚至挑撥離間，在這個人的面前說那個人的不是，又在那人的面前說這個人的不是；有的人總以爲自己滿腹經綸卻得不到施展，因英雄無用武之地大罵上司有眼無珠；也有人常常爲了達到某些見不得人的目的不擇手段，不惜一切地詆毀別人。

這類事情讓人傷透腦筋，既嚴重影響人際關係。

如果我們能坦誠地對待身邊的每一個人，坦誠地對待生活和工作中的每一件事，從中維繫輕鬆的心情、人際關係的和諧，與人互動之間的諒解和關心，這樣的環境下，工作起來自然心情舒暢，即使任務繁重也不會有太多的怨言。工作效率有效提升，企業的效益也就會相應提高。

也許，有人不贊成「坦誠就有好運」，認爲說法太過於荒謬，但這的確是不爭的事實。

以坦誠的態度待人處世，生活將會充滿更多感動。然而，若是過於輕易相信人，也易使自己陷入人性醜陋的陷阱裡。

阿榮的經歷，可供我們作爲參考借鑑：

「那天傍晚路過市場，我被一個以前的鄰居叫住。他在附近賣水果，只見他指著面前的兩串葡萄對我說：『阿榮，這兩串葡萄挺新鮮的，要收攤了，只收你一百元怎麼樣？』」

「回到家，我忍不住向老婆炫耀起來。老婆見我說得那麼好，就拿起來檢驗，想不到放在磅秤上一秤，只有兩斤整，照市面上的價格只值六十元。也就是說，他騙了我。」

「我幾乎要跳起來去找他理論，只感覺受到傷害的怨恨、不滿和痛苦在胸口翻騰。上當受騙的感覺很不好受，我想今晚要失眠了。」

「坐下來後，喝一杯茶，這時想起騙我的這個人已經失業很久了，也許是因為生活的壓力太大，才做出欺騙的勾當。想到這裡，我的氣漸漸消了。臨睡前我還在想著這件事，但已經很冷靜了。」

「也許那個熟人壓根就不知道那串葡萄到底有多重，他估計約有四、五斤重，沒想到其實只有兩斤重，所以才讓我有受騙的感覺。不小心弄錯也是常常發生的事，不是嗎？躺在床上，我不再想這件事了，結果睡了個好覺。一覺醒來，我精力充沛，感覺很快樂。」

最好像阿榮一樣，凡事想開點，不然光是一點小事，就足以讓我們整天生活在憤慨和憂鬱之中，那樣會活得很累。

做一個比較容易相信別人的人，得到的經驗與教訓也會比一般人更多，輕信別人也不盡然全是壞事。

因爲輕信，使人的性格不過於封閉，可以充分表現自己的眞誠，在茫茫的人海中與許多重感情的人結成知己，打好人際關係，讓做事順利。

因爲輕信，使人不必處處設防，不需時時警惕，不必眼觀四面耳聽八方。這樣就會覺得活得輕鬆自然，感到更加舒緩。

PART 4.

懂得自保
才能活得更好

想要保護自己不捲入紛爭，
行動前一定要多加思考，
特別是容易帶來負面影響的事情，
更是要三思之後再作決定。

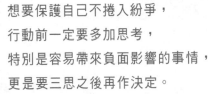

面對上司，更要小心翼翼

如果對上司交代的事不了解或有不同的意見，仔細思考之後，可以冷靜和上司商量，但千萬不能有情緒化的表現。

在互動頻繁且情勢變化快速的現代社會，人際關係就像一把雙面刃，掌握得好，不愁做事得不到成效；掌握得不好，則必定難逃腹背受敵，遭人落井下石的下場。因此，必須學會圓融做人的各項技巧，並確實加以運用。

你可以是個才能普通的人，但不能是個做事隨便的人。尤其身爲上班族，更應該注重小地方，以免因細節誤了大事，讓自己後悔。

在日常工作中，你或許會無意間觸犯一些禁忌。儘管這對你而言可能是微不足道的，但若因爲這些無心之過使別人對你產生負面的評價，那麼它就不再是一件微

不足道的小事，所產生的後果也可能難以彌補。可以說，仔細留心這些禁忌，盡可能不觸及它的人，才是一個成功的上班族。

提及「禁忌」二字，很容易使人聯想到那些傳統呆板的「教條式」道德規範。這兩者之間的確也有著一個共通點：那就是雖然看似死板，但卻不容忽視。

許多傳統都隱含著前人的生活智慧，並不僅僅是「規範」而已。你可以是新新人類，但職場上該有的規矩卻不能不遵行，畢竟，依循社會的生存方式才是最安全的。

如果想讓你的人際關係更加圓滿，事業更穩固，任何時候在面對上司的時候，請記住以下幾項實用祕訣：

●上司站在面前時不可以坐著答話

當上司走到辦公桌前和你說話時，你必須馬上站起來答話，這是一項基本禮貌。

不過，有種情況可以例外。當你坐在電腦面前，而上司站在你的後方，這時如果拉開椅子站起來，他面對的便會是你的後背，但若因而改變自己的方向又有些不便。而且無論你用什麼方式站立，都會使上看不見你的工作狀況，在這種情況下可以坐著答話。

另外，如果上司想翻閱文件書面資料或是使用各項文具，應以上司方便使用爲原則，以物品的柄部遞向對方。

這些小動作不僅適用於和上司的互動，在平日與同事相處時也應注意。這是一種體貼的表現，也是獲取良好人際關係的關鍵。

●與上司交談時應有禮貌

當上司交代你做事的時候，會提出各項說明，這時要避免中途插嘴打斷他的話。因爲這些說明也許只是經過，結論並不像你想的一樣，中途打岔表示你有意見，這項舉動除了會讓別人認爲你很輕率之外，也有輕蔑上司的味道。

所以這時候，你不妨靜靜地聽，並適時地點點頭，或者答「是」，表示自己了解對方所交代的內容。

尤其，上司說明事項的時候，最忌諱下屬以否定的言詞打斷他，並說些潑冷水的話，例如：「這恐怕做不到吧」……等等。

除了不要在對方話還沒有說完就表示反對外，即使在他交代完畢之後，也不要立刻表示否定的意見。

如果對上司交代的事情還有不了解的地方，或是有不同的意見，經過仔細思考之後，可以冷靜地和上司商量，千萬不要有情緒化的表現，以免讓人認爲你是在故意唱反調。

要是你的意見最終還是和上司無法取得協議，那麼最好還是服從命令，並且確實執行。因爲公司就是靠員工和上司的合作才得以發展，如果每一個人都自以爲是，不肯服從上司的命令，各做各的，公司體制就天下大亂了！

況且，一旦上司的指令眞的造成損失，公司追究下來時，至少你還可以釐清一些業務上的責任。

• 比上司先行離去時應有的禮貌

結束了一天的工作，下班之後是解除拘束回到自我的時候。不過，如果自己的工作已經結束，而上司卻還在辦公室時，該怎麼辦？

這個時候，不妨禮貌性地問一句：「有沒有需要我幫忙的地方？」「對不起！我先走了。」或「您辛苦了！」

千萬不要一聲不響地離去，這是很不禮貌的；一定要和還在工作的同事或上司打招呼，以免留給別人不好的印象。

做事仔細，才不會惹人非議

如果一個人的工作態度漫不經心，就算為人隨和，還是會惹人非議。別忘了，凡事慎重仔細也是辦公室的基本禮儀。

人不能只活在自己的世界中，一味以自己的眼光看待別人，而要懂得適時寬容，因爲，爲人處世的最高境界就是「做人圓融，做事靈活」。

美國一位行爲學家，在研究人類「沉悶行爲」多年後，歸納出以下幾種「討厭的人常做的討厭事」。

了解這些，對於上班族的人際關係來說是十分有幫助的，只要提醒自己避免這些行爲，多半就能免去被列爲「不受歡迎人物」的命運。

1. 言語冷淡單調，缺乏熱情。

2.尖酸刻薄，惡意多於善意。

3.談話內容狹隘，而且多以個人的喜好或活動為主，從不考慮別人的感受。經常打斷別人的話題，強行表達自己的意見，破壞眾人興致。

4.常以「某某是我的朋友」來抬高身價，誇耀自己的優點及成就。

5.通常喜歡扮演「萬事通」的角色，一副對任何事都十分了解的樣子。

6.過度謙虛，讓人覺得肉麻虛偽，過分取悅別人到近乎奉承的地步。

7.經常向人訴苦。逢人便鉅細靡遺地述說自己的遭遇，並且抱怨命運。同時拒絕嘗試新事物，亦不肯配合大家。

8.過度輕率，凡事不經大腦，說話內容毫無主見，人云亦云。

9.自我膨脹，一派捨我其誰的狂妄態度；以自大誇耀來掩飾自己的怯懦無能，甚至肆意詆毀別人，揭人隱私。

10.對人對事從不認真，態度曖昧，模稜兩可。

每個人的性格各不相同，生活環境也都不一樣，習慣自然也會因此而有所差異，但無論如何，某些行爲還是必須儘量避免，才不至於讓周遭的人感到不舒服。

例如，對他人的事過分好奇；動作拖拉，做事漫不經心，又或者是過度吹毛求疵，動輒就發脾氣，不肯承認自己的錯；態度傲慢、盛氣凌人，又愛自吹自擂……等，這些都是絕大部分人討厭的行爲。

仔細想想就會發現，許多人際關係差的人，多半都具有上述一種，甚至數種以上的人格特質。因此，如果你想要在職場上成爲一個受歡迎的人，那麼就要極力避免犯這種錯誤。

在工作場合，最重要的當然就是工作表現。如果一個人的工作態度顯得漫不經心，總是粗心大意，就算爲人如何隨和好相處，還是免不了會惹人非議。

因爲，工作態度不佳影響到的不只有自己，還會造成夥伴在業務執行上的諸多不便，久而久之，自然會怨言滿天飛了。同樣的，若你要判斷身邊共同合作的夥伴是否細心負責，從一些細微的小動作就可以看得出來。

每家公司都會有許多供內部傳閱的文件公告，要求員工仔細閱讀過後簽名蓋章，並寫下意見。有的人卻會認爲這只是無關緊要的小事，因而輕率以對，經常只是隨便蓋個章，意見一句也不寫；輪到他人查閱時，除了會有不愉快的感覺之外，往往也會懷疑此人的工作能力及態度不夠認眞。

某公司有位被部屬批評爲「蠻不講理」的主管，就曾經這麼抱怨：「事實上，別人送來的公告文件常常不合我意，但蓋了章就表示我同意，如果不蓋章的話，下次就不會再傳到我這邊來。因此，當我看到一些內容空洞的文件時，爲了表示是『勉強』通過，就隨便蓋個章；實在不贊同的，就故意把印章蓋顚倒。」

但是，這種做法雖然表示這位主管的與衆不同，卻爲他樹立了不少敵人。後來，他便因爲一些微不足道的錯誤遭到衆人攻擊，落得降職的下場。

由此可知，像是蓋章這類小動作，往往會影響到他人對你的印象，實在不可不愼重對待。如果不小心把章蓋歪或蓋顚倒了，一定要認眞地重新蓋個端正的章，以表示你的細心與尊重。

別忘了，凡事愼重仔細，也是辦公室裡應有的一項基本禮儀。

面對打擊要優雅反擊

不管面對什麼樣的人，柔中帶剛又不失風度的應對方式都是最好的回應，不只能展現氣度，也能給予有效的反擊。

或許你已經了解了哪些行爲是令人反感的，也懂得身爲上班族，在職場中應該如何應對進退才能做到處處圓融，但無論身在哪種環境，身邊難免還是會有一些討厭的人存在。

這些人很可能就是你的朋友、同事或上司；在公開場合，他們會毫不避諱地提起一些你不想再提的往事或隱私，大談你做過的傻事和鬧出的笑話。

這些當然會使你尷尬萬分，但此時的你不妨保持沉默，想辦法扭轉局面。

如果對方是故意使你處於尷尬窘迫的境地，可能是因爲他們覺得在某方面來說，你的存在你對他構成威脅，或是想報復你曾經做過得罪他的事；但也很有可能對方只是習慣開玩笑，壓根就沒有意識到你會因此受到傷害。

對於第二種人，我們沒有必要追究他們的所作所爲，只要當面向他指出失禮之處，這些遲鈍的冒犯者通常會向你表示歉意。

至於第一類人，就必須根據情形選擇你的應變之道了。

面對故意的羞辱，你可以採用比較激烈的方法，遏止這種羞辱繼續下去。

比如：「你已經使我難堪了，不介意的話，不妨告訴我是什麼緣故？」或者：「你似乎話中帶刺，是不是我做了什麼讓你覺得不高興？」

無論如何都要避免動怒，千萬別大動肝火，如果自己先失去冷靜，反而會讓對方佔上風，讓周圍的人覺得你器量狹小。

可以說，不管面對什麼樣的人，這種柔中帶剛又不失風度的應對方式，都是最好的回應，不只展現出你的氣度，也能給予對方一個有效的反擊。

關鍵時刻更要有好的表現

一位對公司有向心力的好員工應該盡力展現出自己的敬業。尤其在公司亟需人手的時候，更是積極表現的好時機。

時間對於多數上班族來說，似乎永遠都不夠用。許多人經常感歎工作佔去了大部分時間，甚至連休閒放鬆的機會都沒有，卻依舊沒有成就。事實上，如果你能夠合理、有效地利用有限的工作時間，不僅可以保有自己的生活，工作成效也能跟著大大提高。

說到有效利用時間，最基本的就是要做到守時。

守時對於提高自身信用是很重要的；不遲到，更是上班族最基本的工作態度。

因此，若想讓時間得到更有效的利用，不僅要做到不遲到，還應盡可能比規定的時間更早一點到，這樣就可以早點開始一天的業務。如果時間快到才匆匆忙忙跑進公司打卡，那麼就已經輸了別人一大步了。

或許你會認爲雖然自己常常遲到，做的事卻比別人多，但再怎麼說，就工作及人際關係而言，這終究不是一個好現象。

因此，要是你偶爾因交通或其他特殊情況而有所延誤，一定要及時和公司取得聯繫。不要等到了公司才急忙向上司解釋，更不可以遲到了還若無其事地走進辦公室，用滿不在乎的態度解釋原因。

日本電產公司長時間實地觀察統計早到及遲到的人，得出的結論是：上班遲到的人，多數工作成績都比較差；上班時姍姍來遲，帶著滿臉睡意匆忙進公司的人，往往也做不出像樣的工作。

世界上沒有事事都出色的全才。但是，如果有充裕的時間，採取行動之前有三思的餘地，每個人都可以把事情做得更完善。相反的，如果事事都匆匆忙忙，當然容易產生差錯。

進一步來說，一位對公司有向心力的好員工，也應該在合理範圍內儘量配合公司的需求，以展現出自己敬業的態度。尤其是在重要的日子裡，員工無論如何都不能缺席。

因爲，對許多公司而言，有些紀念日或特殊的日子非常重要，身爲公司的一份子當然也要同樣重視。

有一家成衣廠，將每年十月定爲「年度開張月」，這段時間也是每年過年前衝刺業績的重要時期。通常這個時候，公司上上下下都忙得不可開交，任何理由都不可以休假，即使生病，只要還能工作，都得進公司上班。在這種情況下沒有一個人敢休息，因爲即使是病重無法上班才不得不請假，也會引起別人的怨言，被認爲不負責任。

遇到這種情況，很多人往往會抱怨公司不近情理。不過，事實上，就算是平時，面臨自己負責的工作也不能因故缺席。更別說非常時期，每個人所負的責任比往往平時重要許多，當然更不能有逃避的心態。

爲了自己方便，卻在重要的日子請假，必定會造成別人的不方便。懂得這個道理的人，一定不會隨便缺席。

一個人是否負責，從這裡就可以看出一二。

要知道，一位對公司有向心力的好員工應該盡力展現出自己的敬業。尤其在公司亟需人手的時候，更是積極表現的大好時機。

公私不分，小心印象減分

任何事情都要分清楚公與私，不能抱持隨便的心態。否則不只影響工作表現，
也會影響到他人對你的印象，

公用的物品或文具，原本就是用在公事上的，如果拿來用作私人用途，就是犯了公器私用的大忌。

有些員工熟悉了環境之後，往往會順其自然，隨意使用這些免費資源。當然，這和公司的風氣也有著很大的關係。如果公司內大部分的員工都很隨便，那麼大家也會無所謂地浪費公司的物資。

你或許認爲這只是小事一樁，但一個小動作所造成的影響，有時往往比你想像的要嚴重得多！

據說有一回，一位剛從學校畢業的社會新鮮人使用公司的信封寫信給朋友，這封信卻被朋友的父親看見。巧的是，這位父親就在與此公司有業務往來的另一間公司擔任高級主管。

這位主管因此認爲，這家公司的內部風氣不好，一定也無法認眞做好生意，於是決定中止與該公司的合作計劃。有誰會想得到，這竟然會是一個小小的信封惹的禍呢？

再從另一個角度來想，就算只是一個信封、一枝筆，但要是人人都隨意拿來用作它途，公司每年的消耗品費用就會居高不下。這項龐大的費用支出，甚至會連帶使生產成本提高，失去與同行業競爭的有利點。

・上班時間別做私事

除了公器私用，上班時最好也要避免處理私事。

上班時間內的每分每秒都必須用於工作，不可以打私人電話，更不可以溜出去做私人的事。一旦接到私人電話時，應該盡速結束通話，尤其是一些無關緊要的聊天電話。

若是因公外出，也須得到主管同意後才可在上班時間內外出。否則的話就必須事先辦妥請假手續才行。

如果在上班時間臨時有私人訪客，就算上司同意你會客，也要盡可能長話短說。假如不能在短時間內處理好，就必須依照規定請假。

任何事情都要分清楚公與私。不論你已工作多久，對環境多熟悉，都必須做到公私分明，不能因爲資歷深就抱持著隨便的心態。

要知道，公私不分可說是職場大忌，不只影響工作表現，連帶的也會影響到他人對你的印象，必須多多注意才是。

懂得自保才能活得更好

想要保護自己不捲入紛爭，行動前一定要多加思考，特別是容易帶來負面影響的事情，更是要三思之後再做決定。

我們生活在一個瞬息萬變的社會中，壞人似乎比好人還多，工作也總是事與願違，一不留神，生活就會被不知何時得罪的小人弄得面目全非，該如何自保，幾乎已經成了職場人士不可不知的常識。

舉個例來說，如果在偶然的情況下，你無意間獲悉上司與某個同事勾結，利用職權從中獲得利益。即使不是直接損害了公司的利益，起碼對公司是不公平的，看在正直的你眼裡，一定有種想揭發他們的衝動。

但是，奉勸你在做出這項「義舉」之前，還是先詳細分析一下情況再決定。

首先，你必須想想，告發他們的目的是什麼？是想揪出這些人，然後趕走他們？還是只想收到殺一儆百的效果？無論怎樣你必須要先考慮到，一旦行動了，將會帶來什麼樣的後果。老闆知道這件事之後肯定無法容忍，這兩個人可能因此被炒魷魚，同時還會更注重內部的各項制度，甚至立刻著手整頓人事。此舉可能使你成爲不受歡迎的人物，在公司裡被衆人孤立。

另外一種結果，就是老闆默許此事的存在，即使你勇敢告發，也等於枉作小人，多數情況下甚至於事無補，或許還會被人認爲你是個專打小報告的人。

因此，若此事與你的業務並無相關，最好的方法就是接受上司與同事勾結的事實；眞的無法忍受，就只好另謀他就，眼不見爲淨。

假如你剛進公司不久，發現同事們爲了博取上司歡心，讓上司對自己擁有「勤勞」的好印象，因此下班之後仍然會故意留在公司裡，即使工作完成，也寧可找些瑣事來消磨時間，就是不想離開。

這種行爲的確很虛僞，看在眼裡你感到很不以爲然，十分不齒這種事。然而，若你獨排衆議，做完當天工作便準時下班的話，既是不合群的表現，也會令老闆不滿，很容易成爲排擠對象。

既不能公開說同事們是多此一舉，又不想加入浪費時間的行列，但又怕會被大家認爲不夠努力。向老闆曉以大義更是愚不可及的做法，因爲天下沒有一個老闆不喜歡員工無條件超時工作。

如果你正爲此感到頭痛，不妨考慮以下的做法：告訴上司自己下班後還有事情要做，所以必須準時下班，最好像是上進修課或函授之類的理由，這樣對任何人都不會有傷害，你自己也可以名正言順地離去。

想要保護自己不捲入任何紛爭，奉勸你在行動之前一定要多加思考，特別是一些對你來說容易帶來負面影響的事情，更是要三思之後再作決定。

更何況，與其爲了不相干的人事費神，還不如將這些精力用在工作上，好好做出一番亮眼的成績，你說是嗎？

圓融處世，擴大生存空間

職場局勢詭譎，同事之間存在著種種微妙的利益關係，與每個人都保持一定的距離，才是最安全的。

在一起工作久了，多少會覺得有些人和自己很投緣，有些人就是怎看都不順眼，不論怎麼努力也無法喜歡他，在公司裡往往會因此慢慢形成一個個的小團體，這也是人之常情。

但是，如果你想成爲一個成功的上班族，千萬不能輕易以「身爲某一群人」自居，必須與每個人都平等往來，否則便無法建立起完整的訊息網絡，得不到全方位的完整訊息，就很難做出正確的判斷，特別是在重大問題上，一旦有所閃失，就前功盡棄了。

另外，每一個公司裡都有能力好的人與能力不佳的人。通常上司會將重要的工作交給有能力的人以示信任，認爲能力強的人一定能夠不負重託完成任務。但是，這一類人多半也容易驕傲自滿，一旦有了驕矜之心就會鋒芒畢露，因而遭到周圍人的嫉妒。

所以，眞正聰明的人往往懂得明哲保身的道理，行事低調，也不會隨便展現實力，讓人看穿自己的底牌。

當然，職場中少不了會有閒言閒語出現。

正當你努力工作時，可能會有人爲某些原因在上司面前誹謗你，在同事之間貶低你，遇上這種事肯定會讓人十分難過，但你必須明白，現實就是如此。只有認清這些小人的醜惡嘴臉，如果不能以其人之道還治其人之身，就得奉行「惹不起但躲得起」的法則，避免自身受到無謂的傷害。

要避免這種事發生在自己身上，就要謹記一件事：人與人之間相處，最忌諱的就是交淺言深，因爲它所造成的負面影響，往往讓你後悔不已。

當大家聚在一起的時候，最喜歡談論的通常就是那些不在場同事的是非。一提到這些道人長短、論人隱私的話題，每個人都會顯得興致勃勃，氣氛也會變得熱烈起來。

但是，這類話題卻是是非的根源，不論提起話頭的人是否有惡意，到最後都會變成謠言與批評，等到傳到當事人耳中，往往已被添油加醋，面目全非。

大家都知道道人長短不好，可是卻還是忍不住八卦的天性。然而將心比心，人人都有可能成爲被討論的對象，但也沒有人希望自己成爲被討論的對象。

因此，當你從他人口中聽到任何蜚短流長時，也不要任意附和，學習做個聆聽者，做到「人不犯我，我不犯人」，避免涉入任何小圈子，對謠言一笑置之，如此才能在職場中永續生存。

你是否有過這樣的經歷？和你很熟的同事興沖沖地跟你分享一個可以爭取升職與加薪的好機會，於是你也高興地和他一起努力了。但是事情完成後，卻只有同事獲得升職與褒揚，同樣辛苦的你卻全然被忽略。

對方將全部功勞據爲己有，並在上司面前邀功的小人行徑，一定讓你感到怒不可遏，恨不得立刻揭穿他，但別忘了，衝動行事是不會有什麼好結果的。

爲了避免遭人利用，建議你，下回遇上類似狀況，在打算接受提議時，就應當把各人所負責完成的部分清楚記錄下來，甚至留下執行過程的種種資料，留待以後作爲參考。

切記，職場局勢詭譎，同事之間可能存在著種種微妙的利益關係，因此千萬不能輕易與人交心，與每個人都保持一定的距離才是最安全的。

適時說不，別做不合理讓步

如果為了顧及情面而不敢拒絕別人，就得承接來自他人的種種不合理要求。然而，這種結果是你要的嗎？

理想的人際關係應以彼此間的尊重和體諒爲基礎，可惜的是，現實往往總是讓我們失望。

有些人常常對別人提出要求與試探，除非對方大聲拒絕，否則絕不罷休。但許多人往往不懂得，或不好意思拒絕這些請求，只能悶著頭接受不屬於自己的工作，甚至還得不到尊重。

小王公司有個能言善道的同事，三番兩次請他幫忙自己的工作。雖然小王一向是個好好先生，可是他也知道，自己的好心只是讓同事有更多的時間玩樂。但卻總是找不到適合的時機、場合和理由，婉言謝絕對方的要求。

像小王這樣的人不少，他們往往爲了得到別人的認同而犧牲了自己的時間，不知道該怎樣拒絕別人，因此吃了不少虧。

如果你也面臨相同的困擾，不妨試著學習利用一些方法表達自己的感覺，以保護你的權益並獲得別人的尊重。

在此，簡單列出幾個拒絕他人不合理要求的方法，以供參考：

・斬釘截鐵地說明自己的立場

許多人以爲斬釘截鐵的說話方式，就意味著令人不快或者蓄意冒犯。事實上，唯有大膽自信地表明你的想法，才能聲明你的立場不容侵犯。

・拒絕做你最厭惡、也未必是你職責範圍內的事

・面對盛氣凌人的人，可以用相同的方式以牙還牙

當你遇到那些愛吹毛求疵、強詞奪理、讓人覺得厭煩的人，大可以冷靜指正他

們不合情理的行爲；要知道，你表現得越是平靜、越是直言不諱，被欺負的機會就越少。

- 要有勇氣說「不」
- 你有權利支配自己的時間，做自己喜歡的事情

從繁忙的工作中脫身休息是理所當然的。支配自己休息和娛樂的時間更是無可非議，這是不容他人侵犯的正當權益。

記住，一個人被別人如何對待，完全是自找的。對方要是想得到你的尊重，首先就要懂得自我尊重才行。

把這一點當成平日做人處事的原則，日子就能過得愉快一點。想想，如果爲了顧及情面而不敢拒絕別人，就得承接來自他人的種種不合理要求，然而，這種結果是你要的嗎？

PART 5.

要真心建議，不要惡意批評

同樣的意見，說得好是建議，
說得不好是批評，
所以，一定要小心謹慎，
以免好心卻被誤以為惡意。

別用自己的標準指責別人

每個人都存在著某個方面的不足，既然自己都有某些做不到的事、達不到的目標，那麼又怎麼能苛求他人呢？

在現實生活中，每個人都一定會有缺點，既然誰也免不了有不足之處，就不應該對他人過於苛求，更不能要求他人按照我們的想法進行改變。

如果不懂得這個道理，不僅不能達到自己的目的與願望，反而還會造成雙方的關係緊張。

林肯曾說：「對人要以仁慈為懷。」這句名言一直流傳到今天，它是林肯對於自己人生的警惕與反省。

林肯年輕的時候，待人處事往往不夠謹慎，甚至有些任性。他經常寫信指責別人，有時還會故意把這些信扔在鄉間的道路上，讓路人撿起來。

直到林肯在伊利諾州的斯普林費爾德當律師，這個壞習慣仍然沒改掉。

有一次，他又在《斯普林日報》上發表了一封匿名信嘲諷一位政客，當然，那位政客也不是好惹的，他看到這封信後火冒三丈、怒不可遏。

他立刻怒氣沖沖地騎馬上門來找林肯，堅持要與他決鬥，差一點就發生了一場流血事件。

林肯從這件事情中獲得寶貴的教訓。從此以後，他決定再也不寫些挖苦別人、傷害別人的文字了，也不再嘲笑或指責旁人，而且還經常告誡自己的朋友：「**不指責別人，你自己也不會受人譴責。**」

「不輕易指責別人」是林肯最偉大的優點之一，這個優點也讓他在從政之路搞定了許多難搞的人和事，值得每一個人借鑑。

「不輕易指責別人」用在現代社會中，也可以解釋爲「不苛求別人」。每個人都存在著某個方面的不足，既然自己都有某些做不到的事、達不到的目標，那麼又怎麼能用自己的標準苛求他人呢？

人與人之間的關係是互相的，要想贏得有效的助力，首先要寬以待人，這樣對方才不會用刻薄或激烈的手段回敬你。

用祝願式言語增進情誼

雖然祝願式的言語不一定有邏輯性，但只要話語中包含誠心的祝福，對方自然樂於接受，也就有益於促進彼此間的關係了。

好聽的話語人人愛聽，所以在人際交往的過程中，多說點好聽話能減少彼此之間的摩擦，加強彼此的情誼。所謂的「好聽話」不單是指稱讚對方的話語，同時還包含帶有祝願意味的話語。

祝願式言語主要強調一種美好的意願與說者真摯誠懇的感情，是用一種友好的心情去祝對方的未來發展狀況順利、一切心想事成。這類話語不一定合情合理，但由於話中帶有善意，所以聽者多半會欣然接受。

在某間飯店的公關部售票台前，有位客人匆匆來到櫃檯前要訂車票。

「早安！」辦事員很有禮貌地站起來招呼。

「我要三張後天去紐約的九十一號列車車票。」這位客人不耐煩地說。

見客人情緒不佳，辦事員立即將訂票單取出，幫客人登記。當寫到車次時，他習慣性地問：「先生，萬一這趟車訂不到，三一一或三〇五號列車可以嗎？它們的發車時間是……」

但沒等對方說完，客人就連說：「不行！不行！我就要搭九十一號列車。」

辦事員又強調：「萬一……」

沒想到這番好心反而把客人惹火了。「什麼萬一？你們是為客人服務的，怎能這麼說？」客人有些惱怒。

這時，這名辦事員立即意識到自己說話的方法不妥，差點把客人趕跑了。他根據對方回應的信息，立即調整話語，轉換語氣說：「我們一定盡最大努力，設法為您買到票。」客人這才滿意地離去。

第二天客人來取票時，根據前一天打交道的情況，辦事員一改態度，笑瞇瞇地對他說：「先生，您的運氣真好，明天九十一號列車的車票恰好只剩三張票，我已經幫您買下來。先生，您的運氣這麼好，肯定是要發財了。」

客人一聽，立即眉開眼笑，還到販賣部買了一大包零食請辦事員吃，而且從此以後，成了這家飯店的忠實顧客。

上面例子中的辦事員，從買到車票的幸運「推測」出「發財」一說，這兩者之間沒有必然性可言，也不具備多少合理性，但重點在於它是一句人人都愛聽的好聽話，讓人聽了就開心。

祝願式言語帶有濃厚的情感色彩，需要內含眞實的情感，並給予對方最爲貼切的讚美。雖然祝願式的言語不一定有邏輯，但只要話語中包含誠心的祝福，對方自然樂於接受，也就有益於促進彼此間的關係了。

要真心建議，不要惡意批評

同樣的意見，說得好是建議，說得不好是批評，所以，一定要小心謹慎，以免好心卻被誤以為惡意。

美國幽默大師威爾·羅傑斯這麼說過：「每個人都無知——都針對某一個主題一無所知。」

這一句話透露出人非萬能，沒有人什麼都會，所以我們需要共同合作，去補足我們無知之處；人類群居生活，爲的就是能時時互相幫助。

同樣的，沒有一個人能說自己什麼都對，什麼都考慮得周詳，所以從古到今，多少先聖哲人勸誡我們不可驕傲自私，要虛懷若谷，廣納諫言。特別是對於居高位的執政者，要求更甚。

曾經有這麼一則故事流傳。

古代波斯皇帝將大臣召集到他的身邊來，對他們說：「我想要知道你們對我的看法。你們認為我是一個好皇帝嗎？你們要毫無畏懼地說實話，我會賞給你們每人一顆寶石。」

於是，大臣們一個接著一個地走到皇帝面前，無不誇大其詞地讚揚皇帝的種種美德，最後，終於輪到智者埃拉姆，只見埃拉姆站起身來，緩緩地走到皇帝身側。他向皇帝說：「我寧可不發言，因為真理是買不到的。」

皇帝怔了一下，隨即對他說：「好吧，那我就不給你任何報酬，你儘管自由地說吧。」

埃拉姆恭敬地回話：「皇上，你要知道我對你的看法？我想你是一個有許多弱點和缺點的人，和我們每個人一樣。然而，你的過失卻與一般人不同，因為你的過失將會帶來更嚴重的後果，事實上，全國人民已因賦稅過於沉重而怨聲載道。我認為你為了舉辦宴會、建築宮殿，尤其是無謂的戰爭已花費過度。」

皇帝十分震驚於他所說的話，因為他從未聽見這些批評，內心將埃拉姆的話反覆思量，覺察自己確實有錯，於是他開始認真地反省。最後，他仍一如他先前所許諾的，賞給大臣們每人一顆寶石，同時也任命埃拉姆為宰相。

次日，那些阿諛諂媚的大臣們紛紛又來到皇帝面前，滿嘴抱怨說：「皇帝啊，那個賣給你這些寶石的商人應該被吊死，因為，你送給我們的寶石都是假的。」

皇帝不置可否地回答：「喔，這我知道，那些寶石就跟你們所說的話一樣，都是假的。」

在中國，同樣也有許多為了國家、為了君主而勇於進諫的臣子。然而，並不是每個人都愛聽批評自己的言論，這個時候，說話的技巧就派得上用場了。

在春秋時候，齊景公愛喝酒是出了名的，有一次竟然荒唐到連喝上七天七夜還不罷休。

大臣弦章看不下去，於是死諫說：「君王已經連喝七天七夜了，請您以國事為重，趕快戒酒，否則就請先賜我死吧。」

齊景公沒有回答，只是先斥退了弦章，他聽了心裡很不高興，可是一時又不好發作，總不能真的因為這件事就賜死大臣吧。

這時候，剛好另一名臣子晏子也來覲見齊景公，齊景公便向他訴苦說：「弦章勸我戒酒，要不然就賜死他，我如果聽了他的話，以後恐怕就得不到喝酒的樂趣了；不聽的話，他又不想活，這可怎麼辦才好？」

晏子聽了便說：「弦章遇到您這樣寬厚的國君，真是幸運啊！如果遇到夏桀、殷紂王，不是早就沒命了嗎？」

齊景公自然是聽出了晏子的弦外之音，仔細想想，要是真的荒廢了國政也不好，於是果真戒酒了。

齊景公與波斯皇帝知過能改的氣度，自然是值得爲後人稱頌，因爲以他們萬人之上的地位，仍能虛心接受他人建議，實屬難得。

弦章勇敢死諫，固然勇氣可佳，但是很明顯的，並不一定能夠得到效果，萬一齊景公惱羞成怒，恐怕就必死無疑了，而且齊景公可能反而喝得越兇，適得其反。

相對的，晏子以機智幽默，抓住齊景公脾胃，果然暗示成功，達成了勸齊景公戒酒的目的。

人和人之間的相處，言語和思想上的往來，是理所當然的。但同樣的意見，說得好是建議，說得不好是批評，所以，當我們眞的覺得不得不發議論的時候，一定要小心謹愼，以免好心卻被誤以爲惡意。

應該記住美國詩人愛麗絲．米勒的這個原則：「如果批評朋友使你痛苦難當，那麼你便可以安心批評。但如果批評朋友能讓你感到快樂，即使只有一絲絲喜悅，也是你該閉嘴的時候了。」

埋怨別人不如檢討自己

戰勝困難容易，超越自我卻非易事。充分地認識自己、瞭解自己，才能調整心態往積極的方向發展，進而創造一個良好的發展環境。

工作中不要只知道抱怨上司，卻對自己的錯誤毫無所覺。如果你認爲別人老是刁難你，不妨適時檢討一下自己，反省自己以往的工作表現，不足的地方應及時改正，如果不清楚自己的表現情況，不妨向同事或上司虛心請教。

處理人永遠比處理事情困難，唯有與上司有良好的溝通，工作才能順利進行，工作的氣氛才會越來越好。

千萬不要凡事都指責上司，抱怨他不給你機會。

某家貿易公司的一名員工對自己的上司很不滿意，經常對朋友說：「我的上司根本就不把我當一回事，總有一天我要讓他好看！」

有一天，他的朋友反問他：「那你對你自己的表現滿意嗎？對你們公司的業務都很熟悉嗎？」

他說：「還不太清楚，但我覺得我已經把我的本份工作做得很好了。」

朋友建議說：「我建議你最好把關於國際貿易的技巧、商業文書等相關事務好好研究一番，再與你們經理坐下來好好聊一聊，看看你在經理的眼裡是什麼樣子，再聽聽他對你的期望和要求，心平氣和、理性地談一談，如果你們交流之後你還是覺得自己不適合待在這家公司，再辭職也不遲啊。」

他點頭贊同了朋友的看法，回到公司之後改變了自己的以往的工作態度，勤懇地學習公司業務。

不久之後，經理把他叫進辦公室肯定地對他點點頭，把一項非常重要的工作交給他處理。他不解地看著經理，經理為他倒了一杯茶，接著對他說：「我相信你現在的能力了，所以把這項任務交給你辦我很放心了，大膽地去做吧，做出點成績來給我看看。」

他謙虛地說：「可以問問為什麼以前……」

經理說：「其實以前我也在時時地注意你，只是你太浮躁了，只知道怪罪別人，卻不懂得檢討自己，這樣的員工不是我們想要的，我不能把重任交給這樣的人。現在你成熟了，該是獨立完成任務的時候了。」

現在，他終於明白了經理的用意，同時也感到自己以往只會抱怨別人的行為是多麼幼稚，因而在心中默默下定決心要將工作做到最好，不再辜負經理的一片苦心。

溝通是聯繫上級與下屬的重要紐帶，將紐帶的兩端繫好，才能發現自己的不足以及優異之處，也才能夠適時改進缺點、發揚優點，將工作做得盡善盡美，替自己的未來鋪設一條康莊大道。

戰勝困難容易，但是超越自我卻非易事。越沒本事的人，越不知道自己有幾兩重，也越不懂得和別人溝通，既不會做人，也不會做事。一個人只有充分地認識自己、瞭解自己，才能調整心態往積極的方向發展，進而創造一個良好的發展環境。

搞懂對方的想法，事情就沒那麼複雜

一個人之所以依照自己的想法做事，一定存在著某種原因。查出那個隱藏的原因，你就等於擁有解答對方行為的鑰匙。

想要擁有絕佳的人際關係，最有效的做法是搞懂別人的想法。只要搞懂對方的想法，事情就沒想像中那麼複雜。

試著去瞭解別人，從對方的觀點來看待事情，如此一來也許就能解決許多棘手的問題，使你達成目的，減少摩擦和阻礙。

一位對工作兢兢業業的年輕人威森，為一家專門替服裝設計師和紡織品製造商業設計花樣的畫室推銷草圖，一連三年，威森先生每個星期都會去拜訪紐約一位著名的服裝設計師。

「他從不拒絕接待我，」威森回憶這段經歷時說道：「但他也從來不買我的東西。他總是很仔細地看看我的草圖，然後說：『不行，威森，我想我們今天談不成了。』」

經過一百五十次的失敗，威森終於明白自己失敗的原因。於是他下定決心，每個星期抽出一個晚上研究與人溝通課程。不久，他開始嘗試一種新方法。他隨手抓起六張畫家未完成的草圖，衝入買主的辦公室。

「如果你願意的話，希望你幫我一個小忙，」他說：「這是一些尚未完成的草圖。能否請你告訴我，我們應該如何把它們完成才能對你有所幫助？」

這位買主默默看了那些草圖一會兒，然後說：「把這些圖留在我這兒，過幾天再來見我。」

三天以後威森又去了，獲得買主的某些建議，他拿了草圖回到畫室，按照買主的意思把它們修飾完成，結果這次那位買主全部接受了。從那時候開始，買主又訂購了許多其他的圖案，還把威森介紹給他的其他朋友。

所有這些都是根據買主的想法畫成的，威森卻淨賺了不少傭金。

「我現在明白，這麼多年來，為什麼我一直無法和這位買主做成買賣。我以前只是催促他買下我認為他應該買的東西，而我現在的做法正好完全相反，我鼓勵他把他的想法告訴我，我現在根本用不著去向他推銷。」

當希歐多爾．羅斯福當紐約州州長的時候，一方面和政治領袖們保持很良好的關係，另一方面又強制進行一些他們不支持的改革。

如果有一個重要職位空缺時，他就邀請所有的政治領袖推薦接任人選。羅斯福說：「起初他們也許會提議一個很差勁的黨棍，就是那種需要『照顧』的人。我就告訴他們，任命這樣一個人不是好政策，大眾也不會贊成。」

「然後他們又會建議另一個老官僚的名字。我告訴他們，這個人無法達到大眾的期望，接著我又請求他們能否找到一個顯然很適合這職位的人選。」

「經過幾次之後，他們就提名一個我心目中的最佳人選。我對他們的協助表示感激，接著就任命那個人，還把這個任命的功勞歸之於他們。我這麼做是為了能使他們感到高興，他們則以支持像『文職法案』和『特別稅法案』這類全面性的改革方案來讓我高興。」

羅斯福面對棘手的問題，會盡可能地向他人請教，並尊重他們的忠告。當他要任命重要人選時，也讓那些政治領袖們覺得，是他們推薦了適當的人選，如此一來，推動政務之時當然減少許多阻力。

想搞定事情，必須先搞定人。一個人之所以依照自己的想法做事，一定存在著某種原因。查出那個隱藏的原因，你就等於擁有解答對方行爲的鑰匙。

人與人之間的互動其實沒那麼複雜，如果你問問自己：「如果我處在他的情況下，我會有什麼感覺，有什麼反應？」那麼你就會節省不少時間，減少很多苦惱，並大大增加你在人際交流方面的技巧，順利達成自己的目的。

及時給「糖果」，會有不同的效果

賞人巴掌之後要記得給他一顆糖果！及時補救不僅安撫對方的情緒，還能讓他心甘情願地更加賣力。

人難免會有情緒起伏，但是，意氣用事、過於衝動的結果，往往會造成他人情感上的傷害。

事情發生的原因也許在於自己，也有可能是對方的緣故，但無論如何，這時候都需要以積極的心態來處理已經發生的事情，及時進行溝通交流，防止壞情緒繼續蔓延。

張總經理的脾氣比較暴躁，並且對於工作總是一絲不苟，如果讓他看到哪個部門經理工作不負責任，或者令他不滿意，他就忍不住當面直接地指出來，讓對方很難堪。

雖然張總經理這麼做是為了工作，部門經理們的心裡也很明白，知道他是對事不對人，但是心裡畢竟不是滋味。

有一回，張總經理又在辦公室發飆，把一個部門經理痛罵一頓。

事後，張總經理冷靜下來，知道自己太衝動了，而且後來聽部下解釋，知道那個錯誤只是意外事件，並非整體表現不佳，況且這位經理平時的工作十分出色，成果還是可觀的。

於是，張總經理馬上進行「補牢」的工作。

那天下班之前，他派人把這位經理找來說：「今天委屈你了，首先，由於我過於衝動沒有認真地瞭解實際情況，對你的責怪不當，我感到很抱歉。不過，你們部門的工作效率仍然需要提升，相信你能做到這一點。」

幾句話讓部門經理的心理得到了安慰，同時又有一種被信任感，再大的委屈也就拋到九霄雲外去了。

賞人一個巴掌之後，記得給他一顆糖果！

雖然大家都知道要控制自己的情緒，不能輕易地「打人巴掌」，但既然「打」了，事後給不給「糖果」，效果便大不相同。

及時補救、及時交流，能讓整體情勢朝著完全不同的方向走，不僅安撫對方的情緒，還能讓他心甘情願地更加賣力，不至於讓自己在推動計劃之時遭遇無謂的阻力。

讓事實和道理說話

言之有理，就可以發揮強大的威力。勸導說理要具體實在，只要事實確鑿，對方的觀點就會不攻自破。

「動之以情，曉之以理」，是與人溝通兩項最基本的原則。

「動之以情」是以情感人，著重於溫情攻勢，至於「曉之以理」則是以理服人，提出事實、講述道理，讓對方從你說的道理當中有所領悟，進而接受你的意見，按照你的建議行事。

中國大陸解放初期，有一天，某位市長來到市內一家紡織工廠，他笑著對廠長說：「老闆，我冒昧來訪，歡迎嗎？」

這位老闆正為了一件事發愁，便發起牢騷：「市長，今天工會又來要我廢除『抄身制』。現在即使工人下班前有抄身、搜身，工廠還是經常遺失紗布，如果取消抄身制度，紗廠不被偷光才怪！」

市長品了口茶，不急不緩地說：「我在法國當過工人。那個工廠規模很大，工廠四周築起高牆，拉上電網，還雇了一大幫荷槍的員警，對每個下班的工人從頭搜到腳，身上連一根針也藏不住。但結果呢?原料、零件還是大量遺失，為什麼呢？」

老闆疑惑地搖了搖頭，市長繼續說：「因為那個老闆只把工人當成工具，勞動量大，工資卻很少，工人實在難以養家餬口。既然工廠賺錢與否對工人毫無好處，那他們為什麼不拿工廠的東西?然而現在情況不同了，工人翻身成了主人，他們知道要先強化生產與經營，自己的待遇才能改善。所以，以我之見，你不妨在紡織業裡帶頭廢除『抄身制』，關心工人利益，待工人如朋友，遇到困難多與他們商量，我相信眼前的困難一定能夠克服。」

老闆聽了連連點頭。第二天，他就主動向工會申請廢除「抄身制」。

那位市長的一番話，讓當時中國資本家奉行的「抄身制」取消了，足見勸說有術，言之有理，就可以發揮強大的威力。

勸導說理要具體實在，不能光講空話、大話，需要的是事實論證。以理服人最重要的一點是提出事實，只要事實確鑿，對方的觀點就會不攻自破。

勸說之時，必須切中要害。

被勸說的一方往往對於某個問題想不開或是懷有成見，想要成功說服他，就必須對準這個要害切入。否則，只會流於喋喋不休，縱使磨破了嘴皮，也是隔靴搔癢，不能眞正解決問題。

只要成功扭轉對方的觀點，還有什麼事情搞不定呢？

打招呼是拓展人際的第一步

不論是對每天碰面的人，或對於不常交談的人，都應滿懷親切地和他們打招呼。能愉快地和任何人打招呼，就能建立起良好的人際關係。

保持沉默是無法做好交際工作、拓展人際關係的，人與人之間的交情，必須要由自己主動去創造機會才能產生。

在人的一生中，不免會和各種人物接觸，雖然並不是每個人對自己都很重要，但也不能因此逃避與人交往的機會。說不定今天意外認識的人，就會成爲人生路途上的大貴人，例如美國前總統林肯就有類似的例子。

在某個寒冷的日子裡，林肯走在前往辦公室的路上。他原本想乘坐馬車，但又覺得坐車太過浪費，於是只好縮著脖子繼續趕路。這時候，從他後方傳來了一陣馬蹄聲，回頭一瞧，馬車上坐著一位穿著體面的男士。

一見此景，林肯毫不猶豫地趨步向前，滿面笑容地向他打招呼：「我是律師林肯。很抱歉，能否麻煩您幫我將外套送到辦公室去呢？」

「當然沒問題，只是天氣這麼冷，你不穿外套嗎？」這名男士訝異地問。

林肯若無其事地回答說：「當然連同我的身體一起送上呀！」

馬車上的男士笑了，伸出手說：「請上來吧！」

兩人從此結下不解之緣，成為莫逆之交。在林肯競選總統時，此人曾廢寢忘食地鼎力相助，是林肯的得力戰友。

由這例子可知，打招呼這行爲，表面上看來雖只是芝麻綠豆般的小事，但在拓展兩人的友誼上，卻能發揮了無比強大的力量。

相信許多人都會坐飛機出差，那麼，試著和鄰座的人聊聊天如何？只要能輕鬆地打聲招呼，也許就能順利展開接下來的談話。

若是聊得投緣，不但在飛機上的時光不會寂寞、無聊，說不定下了飛機後還能繼續往來、保持聯絡，甚至成爲事業上的合作夥伴。

另外要注意的是，在辦公室裡，打招呼很容易流於形式，必須用點心。同事間天天見面、天天打招呼，但由於彼此都不用心，因此「打招呼」這項行爲，就變得對加深彼此情誼毫無作用了。

其實，不論是對每天碰面、彼此很熟悉的人，或對於不常交談、十分陌生的人，都應滿懷親切地和他們打招呼。若能愉快地和任何人打招呼，往往就能夠建立起良好的人際關係。

PART 6.

人際間的爭執，處理要明智

無論狀況多麼嚴重，
都會有解決的方法，
因此不該逃避問題，
要以積極態度展開溝通，
以求消除分歧，達成共識。

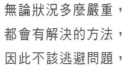

溝通方式，因「個性」制宜

只要你認真摸清每個同事的性格和習慣，擺正心態，真誠地與對方進行交流、溝通，解決各種難題就不會是問題。

每個人都有不同的性格、愛好、興趣，因此在溝通時必須注意這一點：針對不同性格的人，要以用不同的方法進行溝通。方法運用得當，自然溝通順暢，如果方法不當，定會引起人的反感，使結果適得其反。

與不同類型的同事溝通，應該採用不同的方法，嘗試去適應對方，而非讓對方來適應你。

以下，提供與幾種不同性格同事溝通的好方法：

・性格比較刻板的同事

有些人性格比較刻板，常常是一副冷面孔，無論你多熱情地和他打招呼，他都是一副冷冰冰的樣子，令人不敢接近。

這種性格刻板的人，興趣和愛好比較單一，不愛和別人往來。其實，這些人也有自己追求的目標，不過不輕易說出來罷了。

與這類人打交道，非但不能被他的冷若冰霜嚇跑，還要用熱情加以感化，並且認眞觀察，尋找出他感興趣的問題和比較關心的事，作爲展開交流的媒介。如此，相信他的死板性格將會慢慢被融化。

・傲慢自大的同事

平常接觸到的同事中，多多少少會有一些表現傲慢者。

與這種人打交道，的確使人頭疼，但往往基於工作上的需要，又不得不和他接觸，這時，不妨採取以下方法：交談時儘量做到言簡意賅、乾脆俐落，不給對方擺架子的機會。其次是，抓住他的薄弱環節，進行適當的「攻擊」，滅滅他的威風與

銳氣。

‧沉默寡言的同事

和沉默寡言的同事溝通，也是件比較費力的事。這樣的同事會使人感到一股沉悶的壓力，讓你沒辦法接近、瞭解他，更無從得知對方對自己是否有好感。

對於這類同事，不妨採取直接了當的方式進行交流，儘量避免迂迴式談話，讓他明白簡要地表示「行」或是「不行」、「是」或是「不是」就可以了。

‧爭強好勝的同事

爭強好勝的人狂妄自大、喜愛自我炫耀，凡事都想顯現出高人一等的姿態，自我表現欲強烈，期望自己什麼都比別人強。

面對這種人，就算內心深處有意見，爲了顧全大局，仍該適當謙讓。但是必須注意一點：如果他把你的遷就忍讓當作是軟弱，變本加厲，更加不表尊重，你就該給予適當反擊，讓他受點教訓。

・比較固執的同事

固執己見的人往往難以說服，無論別人說什麼，他都聽不進去。和這樣的人打交道，非但累人且浪費時間，往往徒勞無功。

所以，不得不與固執己見的人溝通時，要懂得適可而止，實在談不攏，就不必耗時費力了。

・急性子同事

性情急躁的人，辦事比較果斷、草率，因此容易對事物產生錯覺和誤解，導致疏失產生。

遇到性情急躁的人，最好能將事情的順序辨明，按部就班解決，不要把問題一次性地全拋出去，以免除不必要的麻煩。

・慢郎中同事

有急性子，自然就有慢郎中。與慢郎中同事交往，需要有耐心，即使他的步調總是無法跟上你的進度，你也必須按捺住性子，儘量配合。

在一個公司裡，會遇見不同類型的同事，爲了工作順暢，免不了得與他們交流、溝通，建立起一定的關係。不要把這當作困難的事情，只要你認眞摸清每個同事的性格和習慣，做到心中有數，擺正心態，眞誠地與對方進行交流、溝通，解決各種難題就不會是問題。

善用誇獎，自然能如願以償

拍馬屁不但不會讓對方開心，有時候還會取得適得其反的效果，讓人覺得噁心、虛偽。唯有真心誠意稱讚他人，才會為你帶來好處。

法國哲學家盧梭在《愛彌爾》裡寫道：「對別人表示關心和善意，比任何禮物都有效，比任何禮物對別人還要有更大的利益。」

這番話運用在部屬與上司的關係之中，也相當適用。

能恰到好處地誇獎別人是一種卓越的領導技巧，有時僅是一句輕描淡寫的誇獎，就能給部屬彷彿春風拂面的愉悅感覺，甚至能使自己的目的如願以償。

人類都有渴望得到別人讚賞的天性，這正是我們之所以要稱讚別人的原因。稱讚別人不必用什麼華麗的言語，即使是用最平常的語言，也能有意想不到的效果。

對你來說，稱讚也許是再簡單不過的事，但卻能使別人愉快、振奮，甚至對方可能因爲這句讚美而改變一生。

成功學大師卡耐基就很會誇獎別人，懂得如何利用誇獎使對方更加進步。

曾有一個例子是，卡耐基曾經有一位來自匹茲堡的學生，名叫比西奇，在課業方面的表現總是比別人差，因而對自己失望到了極點。終於有一天，他來到卡耐基的辦公室說：「卡耐基先生，我打算退學。」

「為什麼呢？」卡耐基問。

「因為我太笨了，無法學會你的課程。」比西奇難過地回答。

「可是，我並不這麼認為啊！我發現這半個月以來，你有很大的進步，而且在我的印象中，你始終是個相當勤奮的學生，怎麼可以隨隨便便提出退學呢？」卡耐基很認真地回答他。

「真的嗎？你確實是這麼認為嗎？」比西奇驚喜地問。

「真的。而且我認為照這樣努力下去，你一定能在結業時取得優異的成績。」

卡耐基繼續說：「我小時候，人們也都覺得我很笨，將來肯定不會有什麼出息，你比當年的我要好太多了！」

比西奇聽了卡耐基的話後，內心燃起了希望之火，也更加努力、勤奮地學習，最後果真在結業時拿到傲人的成績。

比西奇畢業後，在自己家鄉開了一間肉品工廠，卡耐基依然在他事業不順利的時候鼓勵和誇獎他。卡耐基在寫給他的信中說：「肉品工廠很不錯，很有發展前景，我相信只要你好好努力，一定會相當成功。」

比西奇從卡耐基的言語中受到莫大的鼓舞，同時他也將誇獎的技巧用到自己的員工身上，沒想到成效甚佳。在經濟大蕭條的年代裡，美國處處都面臨著危機，但是，比西奇的肉品工廠不但保住了自己原本的生意，而且還擴大了市場，這的確可以說是一件難得的奇蹟。

後來，比西奇回憶說，他的肉品工廠之所以沒有垮掉，原因就在於他運用卡耐基教導他的誇獎技巧，使整個工廠上下一心，才得以存活下來。

除此之外，稱讚也是一種重要的交際手段，可以運用在工作場合中的任何瑣事上。例如，當你看見一位女下屬或女同事穿了一件新衣服，就可以稱讚說：「妳穿這件衣服眞漂亮！」

如此一來，她可能就會因爲這一句話而一整天心情愉快。

參加公司舉辦的各項活動時，也可以對那些忙得不可開交的部屬誇獎道：「你們做得很好，辛苦了！」如此一來，對方就會感到自己的勞動得到別人的肯定，很樂意再貢獻自己的心力。

誇獎是一門藝術，巧妙的誇獎可以使別人和自己快樂，但誇獎絕對不是拍馬屁，若你將兩者視爲相同的東西，那麼你的稱讚不但不會讓對方開心，有時候還會適得其反，讓人覺得噁心、虛僞。

要記住，唯有眞心誠意的稱讚他人，才會爲你帶來好處。

人際間的爭執，處理要明智

無論狀況多麼嚴重，都會有解決的方法，因此不該逃避問題，要以積極態度展開溝通，以求消除分歧，達成共識。

朋友相處，難免會碰上一些「麻煩」，如爭吵、彆扭、意見不合、經濟糾紛等等。如處理不好，就會造成友情破裂，甚至反目相向；處理得及時妥善，則多半可盡釋前嫌，和好如初。

糾紛的產生是正常的，能否及時妥善處理最爲重要。

與朋友發生爭論時，正確溝通態度應該是「求同存異」。「求同」，以在爭論中提高自己的論點可信度；「存異」，以客觀容許多種不同的看法存在。

無論如何，切記不要正面衝突，並應致力於緩和氣氛。畢竟正面衝突多半無益於溝通，徒然使雙方都感到難堪，下不了台。

如果不幸和朋友間出現爭論，必須秉持這樣的態度：針對重要原則問題，可以心平氣和並開誠佈公地討論，若只是細枝末節的東西，大可不必浪費力氣，非要爭個你死我活，分出勝負不可，因爲這麼做沒有意義。

即便是親密的朋友，因見解殊離產生對立也是正常不過的事情。分歧產生難免導致某種程度上的疏離，這時候，若想繼續維持彼此的情誼，就該遵循以下原則，主動和朋友溝通。

・繼續保持忠誠和信任

不要因爲觀點存在分歧而詆毀對方，這是沒有氣度的行爲。基於道義，你還是應儘量維護朋友的威信、觀點，幫他說話。

・暫時拉開距離

儘量使雙方的分歧維持在「冷凍」狀態，讓時間和事實來證明究竟誰是正確的，誰是錯誤的，避免讓糾紛繼續擴大。

・保持平等和尊重

不要固執地認爲自己的想法一定是對的，別人一定是錯的，更要記住一點：朋友之間沒有高低之分。就算自己眞的是對的，也要給對方應有的尊重，千萬不可表現出得理不饒人的尖銳態度。

・積極尋求解決之道

時間愈久，分歧可能導致的副作用就越大。

無論狀況多麼嚴重，都會有解決的方法，因此不該逃避問題，要以積極態度展開溝通，以求消除分歧，達成共識。

重用菁英，讓小人遠離

在職場中，無論面對朋友還是同事或者下屬，都要具有一雙識人的眼睛，看清自己生存奮鬥的環境，趨利而避害。

想要了解一個人，當他仕途順利時，就看所尊敬的是什麼人；當他顯貴時，就看所任用的是什麼人；當他富有時，就看所養的是什麼人。

聽了他的言論還要看他怎麼做，當他空閒時看他的愛好是什麼，和他熟悉之後就看他的言語是否端正，當他失意時看他是否有所不受，當他貧賤時觀察是否有所不爲。

要使他歡喜以考驗是否能不失常態，使他快樂以考驗是否放縱，使他發怒以考驗是否能夠自我約束，使他恐懼以考驗是否不變而能夠自持，使他悲哀以考驗是否能夠自制，使他困苦以考驗是否能夠堅韌。

在職場中，一雙慧眼可使人才聚於麾下，無往而不勝。

「人是公司最好的產品」，這句話出自於日本著名企業家松下幸之助，他可稱爲是第一個看透人才價值的人。一般產品對於公司來說不過是換取金錢，而人這種特殊商品，對於公司來說，除了創造價值之外，還能夠激發出企業團結合作的巨大潛能。

所以有人說：「愚蠢的商人花錢，聰明的商人用人。」

在職場中，無論面對朋友還是同事或者下屬，都要具有一雙識人的眼睛，看清自己生存奮鬥的環境，趨利而避害，擺好自己的位置，才能夠無懼人生的風雨，做一個成功人士。才氣的大小或許因人而異，雖然工作分量很重，但是，只要有這個能力，就能輕易地完成。

過量的工作如果交給才能小的人，因而失敗，絕對不是受命者的錯，而錯在長官用人不當。

人才大致可分爲大器、中器、小器三種。

大器之才，即使工作繁重，也毫無怨言，不會拘泥在小事上。該做的事一定全力以赴，對於偶不順心的事不會耿耿於懷。該說話時，就抒發己見，不該說話時，就保持沉默，能知所進退。這種人將來的成功是可以預知的，因爲他已具備了領導的才華。

中器之人，平日順利時態度大方，可是一旦面臨抉擇，就會左右搖擺，舉棋不定，難以獨立處理事情。

小器之才，爲人處世多以自我爲中心，遇有不順心的事就大發牢騷，甚至譴責他人，怨天怪地，聽不見別人的忠告，最終失去所有信任與幫助，只剩下孤芳自賞的份。

所謂菁英人物，一般都具有如下特點：胸懷奇謀，智慧超群，更可貴的是具有敢於行動的勇氣和策略，能夠機敏靈活地應對各種突變，不會驚慌失措。

新穎的見解表現在創新、探索上，是可貴的特質。現代企業將敢於提出並善於新見解的人，看得比僅有勤奮品質的人更重要。

不因循守舊，不墨守成規的人是最富魅力的。面對急速運行的資訊社會，按照既定模式辦事的人，只會適應平庸的長官，菁英分子則不同，會努力開拓視野，以適應現代社會產業結構的不斷變化。

這類人具有挑戰精神，不怕挫折和失敗，明確定義自己的目標和意願，頑強地奮鬥，以爭取目標的實現。他們還有強烈的主體意識和主人翁態度，不安於在指令下做一些不需承擔風險和責任的工作。有獨立思考能力，不怕孤軍作戰，能獨當一面，並有總攬設想全局的能力。

不是每一名菁英都能成大功立大業，但是做人處事自有風格，不卑不亢、不急不躁是必備的本色。

如果你的上司是菁英，絕不可滿足於唯命是從，他晉升你也跟著晉升。碰到這種上司，一定要虛心學習他的長處，提高自己的才能。否則，當曲終人散時，別人都受益匪淺，只想依附他人的你卻可能兩手空空。

如果你的同事是菁英，而彼此又志同道合，大可聯手創一番轟轟烈烈的事業。如果一山不能容二虎，則可各施所長，在各自的領域一爭高下。如果以上都行不通，你不妨助他成功，自己多少也落得個識才的美名。

納菁英人才爲部下，你應有自知之明，知道他終非池中之物，有朝一日定會超過自己。這時你就要虛心地接納他，給他有益的資助與肯定。這種做法在會計學上稱之爲「投資」，到時候一定有利潤可回收。

畢竟，無論如何，栽培菁英都比親近小人更有助益。

學習與下屬中的小人相處

對付陰險狡詐的下屬有時也可以用欲擒故縱的方法，等到原形畢露之時，再巧妙揭穿他罩在臉上虛偽狡詐的面紗。

小人是最惹人厭煩的，碰上這樣的下屬，可得小心應付。

• 對付愛嘮叨型下屬的方法

這種類型的人承受壓力的能力有限，遇事便忙成一團，無法穩定，心態動盪，好嘮叨。對待這類下屬可用以下方法：

1. 多用眼、少用嘴

如果你的下屬是這種嘮叨型的人，在安排工作時，事先把該交代的一切都講得一清二楚，不要留下漏洞，以免讓他有更多詢問或逃避的機會。

2.不要發怒

在他嘮叨時，千萬不要發怒，儘量以冷靜的微笑對待。既表示尊重，又使他不知你的底細，從而使他逐漸少講或不講話。

3.培養信任

當你必須回答他的嘮叨時，一定要做到回答得有份量，令他心服口服，有了信任感，他便會言聽計從。

4.不出爾反爾

搞清情況後再發言，絕不能出爾反爾。否則，會留下讓他討價饒舌的餘地。

·如何對付自作聰明的下屬

自作聰明的下屬，往往不能徹底貫徹上司的意圖，老是幫倒忙。他總認爲自己的主意要比上司的高明，在執行任務的過程中自作主張，改變上司的意圖。對於這樣的下屬，雖然氣憤，但又不好意思罵他。因爲這會使他以後不幫你，甚至產生反感。試想，若有人全心全意地爲你解決問題，你不但不欣賞，還罵他一頓，這感覺會好受嗎？

既然罵不得，那就採取「軟招」攻勢。首先，多謝他的誠意和幫忙，從正面肯定價值，之後再從側面解釋一下他犯的錯誤，最後再爲他的錯誤找個台階下。甚至可以在最後把錯誤歸在自己身上，說是自己解釋不全，才會害得他白費精力，相信他必會誠心地接受意見。

其實，只要適當引導，不難將自作聰明的員工訓練爲有用的員工。千萬不要放棄他們，這些人可能是公司重要的資源。

・如何對付自私自利的下屬

對付這樣的下屬，應該用以下方法：

1. 滿足正當要求。

與這類的下屬相處，對他們的合理要求應給予滿足，使他了解到你絕不爲難他，相當公正。

2.拒絕不合理要求。

對於他的不合理要求，在委婉地列舉出不能辦的各種原因之後，巧妙地勸阻不要得寸進尺。

3.辦事公平。

如果下級中有這樣的人，當你制定利益分配計劃時，要充分發揮同事的監督作用，將計劃公佈於衆，使大家感到是在公平情況之中進行利益分配，如此便可避免無謂糾紛與糾纏。

・如何對付陰險狡詐的下屬

陰險狡詐的人屬於卑鄙的小人，爲了自己的利益，什麼事都能做得出來。他採取各種手段，騙取上司的信任，逐步奪取上司的權力，最終完全加以取代，是一種十分陰險狡詐的小人權術。

1.小人常想方設法騙取上司的信任。為了騙取上司的信任，可以不顧廉恥，不講道德，不惜代價，不擇手段。坑、蒙、拐、騙、吹、拍、抬、拉、吃、喝、嫖、賭、苦肉計、連環計、反間計、美人計，全都使得出來。

2.一步步往上爬，佔據重要位置，取得信任之後，隨之而來的，便是權力的逐漸增大，地位的逐步提高，最後成為說話算數的實權人物。

3.小人常打著上司者的旗號，指揮他的下屬。並採取各種手腕，使這些下屬逐漸投靠自己。

4.小人一方面要繼續矇騙上司，使他對自己深信不疑；另一方面，要使他的下屬看出今後的天下非我莫屬，乖乖投靠自己、培植勢力。

5.等到成功控制大部分下屬，這時候，得勢也就不怎麼費力了。

這樣的下屬，善於背後使壞，暗裡插刀，放冷箭，打黑槍，讓你拿不準他什麼時候給你一腳，而且小人之腳往往陰狠毒辣，上司若是防備不及，則必遭大劫，落得身敗名裂，後悔莫及的下場。

作爲上司，爲了不至於遭陰險狡詐的下屬暗算，還是防範爲妙。

首先，要明辨是非，不偏聽偏信小人的話。小人皆是口蜜腹劍，嘴上甜甜蜜蜜，心裡卻暗藏禍心，這正是陰險狡詐之處。對付這樣的下屬，要洗淨耳根仔細聽，要善於抓住話中的關鍵，認眞思考分析他說話的目的。

凡事應三思而後行，只要做到知己知彼，就能百戰不殆。

其次，放長線，釣大魚。小人一般都有得志便威風的毛病。有道是：「子係中山狼，得志便猖狂。」對付陰險狡詐的下屬，有時也可以用欲擒故縱的方法，「放長線，釣大魚」。

先假裝不知，讓他盡情表演，等到原形畢露之時，再巧妙揭穿他罩在臉上的虛僞狡詐的面紗，不給他容身之地。

再來，以其人之道，還治其人之身。陰險狡詐之徒善於揭人傷疤，在你最怕尷尬或不應該丟人的時候，讓你尷尬，讓你出醜。這時千萬不要生氣，可以在適當的時機也揭他一把，把他醜惡的行徑抖露出來，讓大家認清他的醜惡嘴臉，讓他也嚐嚐難堪的滋味。

用妙招破解離間圈套

離間術通常伴隨著利益衝突而實施，對人際衝突製造者的利益得失進行分析，有利於識破不安好心者的真面目。

離間術是一種圈套，是離間者（主體）在被離間者（客體）之間搬弄是非，製造矛盾，以破壞他人團結，從中獲利的一種方法。實際上，這可說是主體對客體的侵害行爲。

離間術在生活中有多種表現，如創造條件，促使同伴之間、上下級之間的誤會；或將誤會加以渲染，擴大他人之間的分歧；或編造謊言，製造矛盾，破壞整體團結等等。離間術的外在表現雖然多種多樣，但它的內在本質卻是相同的，那就是使人爲己、陷人益己、抑人揚己、損人利己。

離間術有以下特徵：

•目的性

任何離間術都有明確目的，只有在目的驅使下，離間的所有行爲才可以表現出實際意義。

離間者的目的是自我的、本位的，建立在實際自我利益基礎之上。有時它爲的是獲取個人的某種利益，有時則表現爲滿足個人的某種心理，有時也可能是爲了小集團的利益，建立於私欲、齷齪、卑鄙等思想之上。離間者的目的不在離間過程本身，而在於最後的結果。

•隱蔽性

離間者的目的決定了行爲的隱蔽性。因爲，伴隨著離間術的實施，離間者對被離間者的侵害行爲已經暗中悄悄開始，而這種侵害又是巧借被離間者之間的摩擦力量而進行。

況且，一旦離間成功，被離間者的利益受損無庸置疑，所以，離間者只有使被離間者在表面上知情，而不能在根本上知底，才能達到自己的目的。因此，離間活動帶有隱蔽性。

• 欺騙性

離間的隱蔽性決定了手段的欺騙性。離間是一種侵害行爲，而且要借助客體之間的摩擦力量實施，又要做到隱蔽得「天衣無縫」，顯然採取正當的、公開的手段行不通。

離間者往往會製造假象，欺騙客體，使人產生錯覺，做出錯誤的判斷，形成錯誤的認識，然後在不知不覺中落入圈套。

儘管離間術具有隱蔽、詭詐的特點，但還是可以破解。

識破離間術，要從以下三個方面進行分析：

首先是聯繫分析。任何離間者要想達到離間他人的目的，必然要與被離間者發生或明或暗的聯繫。沒有聯繫，就無法借助客體之間的摩擦力量，再高明的離間術也無法得以實施。

因此，若有誰突如其來地與你發生聯繫，就有可能在實施離間術。

其次是利益分析。一般說來，離間術通常伴隨著利益衝突而實施，而離間者往往又是被離間者發生矛盾後的直接或間接受益者。因此，對人際衝突製造者的利益得失進行分析，有利於識破不安好心者的眞面目。

最後是反常分析。任何離間術無論怎樣高明絕倫，只要付諸實施，總會留下一些反常的痕跡。因此，對反常的、蹊蹺的行爲進行認眞分析，進而採取反向思維，弄清人際衝突的來龍去脈，對於破解離間術很有幫助。

總而言之，離間術的破解應建立在對行爲特徵的綜合分析之上，既不能盲目猜疑，又不可掉以輕心。

必須審愼，才能排除小人製造的禍患。

別被馬屁精摸清了自己的心

當你受到來自別人的讚美時，不要忘了一切、迷失方向，要小心同事不良的動機，提防他對你別有用心。

善於討好諂媚的小人在各行各業中都可以找到，這類人有一項基本特徵，就是永遠順從上級的指示，無論在什麼場合，只曉得做一種動作——點頭同意上司說的每一句話。

這類人內心有一份揮之不去的恐懼，連提出自己意見的能力也逐漸被遺忘或根本喪失了。在他們心裡，只相信一個眞理：同意上司的所說的話，會令上司對自己有好感，反駁上司的話，只會造成不必要的麻煩。

愛諂媚的人總會有這樣的念頭：許多上司雖然口口聲聲表示自己很民主，樂於聽取各方面的批評或意見，其實最討厭下屬指出他們的不足，因爲這無形中損傷了權威，絕大多數上司都喜歡下屬贊成自己的提議或想法。

愛諂媚的人不斷找尋一位強有力的上司以保護他們，至於什麼個人尊嚴，早已全丟在九霄雲外。他們最大的目標，就是使自己的「靠山」高興、順心，其他一切都不管。

身爲上司，利用他們替自己辦些私人瑣事倒是相當理想的，在這方面，他們定能辦得妥妥貼貼。

簡單來說，他們全無主見，亦無眞才實學。

這類人之所以能夠在公司內生存，乃是由於他們看透了人性愛聽奉承話的弱點，加上奉承有術，才能風光一時。

對付這類人，最適當的處置方法便是降級或調到另一部門工作，作爲一種警戒。當然，只有精明的上司才會這樣做。

樂於諂媚的人不僅擅長巴結上司，就是面對同儕，也懂得奉承的道理，因爲恭維讚美的話人人都喜歡聽，就算是平時不喜歡的同事向你說好話，心裡也免不了喜悅，覺得他變得不那麼討厭了，不是嗎？

但當你受到來自別人的讚美時，不要忘了一切、迷失方向，要小心同事不良的動機，提防他對你別有用心。

如果某位同事對你非常信服，常常當衆奉承你，聲稱：「在我們公司裡只有你可以勝任這項工作。果然不出我的所料，你把事情做得太棒了。」或者說：「你眞有能力，無論什麼事情交給你去做，必定裡裡外外的人都滿意，如果這件事交給別人去做，就不會有這樣的好結果。」

種種恭維的話不斷向你飛來，不要高興得太早，即使你確實如他所說的有才華，但這些話聽在別人的耳朵裡，卻可能導致反感。這時應該仔細想想，這位同事當衆誇你的目的是什麼？

如果他故意抬高你的功績，製造你高不可攀的形象，是爲了讓其他人看不順眼，就要小心提防。

遇到這種情況，不妨公開說道：「你過獎了，這件事讓你去做，同樣也可能做得非常出色，我跟你並沒有太大區別。」

或者是私下告誡他：「多謝你的誇獎，不過我不太喜歡這樣，以後請不要公開說讚揚我的話。」

工作場合常常有同事喜歡故意捉弄別人，所以，遇到別人誇張恭維，千萬不要認眞，不加理會較好。

你只要保持頭腦冷靜，不被誇獎沖昏頭腦，就不會受到馬屁精型小人的威脅，或成爲被利用的對象。

PART 7.

言語溫和
勝過尖銳指責

人際相處，
不可避免會有一些不愉快的事情發生，
面對這種情況，
要少些批評、多些理解，
讓自己的溝通能力更上一層樓。

過度指責，溝通更受挫折

尖銳的批評和攻擊，所得的效果必定是零，因為你想指責或糾正的對象會為自己辯解，甚至反過來攻擊你。

英國作家吉普林曾說：「語言，是人類所使用的最有效的藥方。」確實如此，無論遭遇的情況多麼糟糕，只要妥善運用語言的力量，就一定會出現驚人的「療效」。

做人要圓融，做事要靈活，在互動頻繁且情勢變化快速的現代社會，人際關係就像一把雙面刃，必須學會說話做事的各項技巧，確實運用於每個需要溝通的場合，讓身邊的同事、上司、下屬或是交涉的對象都成爲最好的助力，而非最大的阻力。

有的人只相信自己，不相信別人，讓人避而遠之；有的人總喜歡嚴厲地責備他人，使對方產生怨恨，不知不覺讓溝通難以進行，事情也辦得一團糟。

這兩種待人處世的方式都不理想，因爲只有不夠圓融、不懂溝通的人，才動輒批評、指責和抱怨別人。

不妨檢討一下自己，是不是也有喜歡責備別人的毛病？

若身爲公司主管，分配下去的某件工作沒有做好，我們很可能不是積極地去尋找原因，研究對策，而是指責下屬：「你怎麼搞的？怎麼這麼笨？」

這種時候，下屬會有什麼反應？

他可能什麼也不說，但在內心會覺得你不近人情，從而導致怨恨產生。不快情緒日積月累，必會大大阻礙彼此的正向溝通互動。

有一則笑話是這樣說的：

這天，丈夫回到家，發現屋裡亂七八糟，到處是亂扔的玩具和衣服，廚房裡堆滿碗碟，桌上都是灰塵。

他覺得很奇怪，就問妻子：「發生什麼事了？」

妻子沒好氣地回答：「平日你一回到家，就皺著眉頭對我說：『這一整天妳都幹什麼了？』所以今天我就什麼都沒做。」

好指責就如同愛發誓，實在不是一種好習慣，會在傷害別人同時傷害自己，讓彼此都不好過。

接下來，讓我們看一些實際的例證：

一八六三年七月，蓋茨堡戰役展開。

眼見敵方陷入了絕境，林肯下令要米地將軍立刻出擊。但米地將軍遲疑不決，用盡各種藉口拒絕，結果讓敵軍順利逃跑了。林肯聞訊勃然大怒，立刻寫了一封信給米地將軍，以非常強烈的措辭表達了自己的極端不滿。

但出乎意料的是，這封信並沒有寄出去，林肯死後，人們在一堆文件中發現了這封信。

林肯爲什麼不將信寄出？這是相當值得深思的問題。

也許林肯設身處地設想了米地將軍抗命的原因，也許他預想了米地將軍見到信後可能產生的反應，可能會憤怒地爲自己辯解，也可能會在氣憤之下乾脆離開軍隊；無論哪一種，都對大局無益。木已成舟，把信寄出，除了使自己一時痛快以外，還有什麼好處呢？答案是顯而易見的。

不要指責他人，並不代表放棄必要的批評，而是要要抱著圓融做人的態度，以對方能夠接受的方式表達意見。

有一家工廠的老闆，一天巡視廠區，正巧看到幾個工人躲在庫房吸煙。庫房是全面禁煙的，但這位老闆沒有馬上怒氣衝衝地責備工人說：「你們難道不識字，沒有看見禁止吸煙的牌子嗎？」而是稍冷靜了一下，接著掏出自己的煙盒，拿出煙給工人們說：「試試這個牌子的煙吧！如果你們能到屋子外去抽，我會非常感謝的。」

工人們一聽全都感到相當不好意思，紛紛掐滅了手中的煙。

我們喜歡責備他人，常常是爲了表現自己的高明，有時也帶有推卸責任的目的。這都是不對的，想要讓對方順從自己，就要謙虛一些，嚴格要求自己一些，這只有好處，絕無壞處。

想責備別人的不是之前，請閉上嘴，對自己說：「看，壞毛病又來了！」這麼一個小動作，將可以幫助你逐漸改掉喜歡責備人的壞習慣。

尖銳的批評和攻擊，所得的效果必定是零，因爲你想指責或糾正的對象會爲自己辯解，甚至反過來攻擊你。

過往的成功溝通經驗告訴我們：學會圓融和尊重，才能更和睦地與人相處，與人共享生活的點滴樂趣。

言語溫和勝過尖銳指責

人際相處，不可避免會有一些不愉快的事情發生，面對這種情況，要少些批評、多些理解，讓自己的溝通能力更上一層樓。

擅長圓融處世的人，必定懂得發揮語言的威力，讓自己無往不利。我們不難見到，無論是政界、商場、學界，或是其他領域，最受人歡迎的，永遠都是善於運用言語力量的佼佼者。

懂得語言藝術的人，知道巧妙引導別人接受自己的想法，順利達成目的。相反的，不懂得語言藝術，就只能眼睜睜看著自己陷入人際困境，寸步難行。

每個人都有失誤的時候，因此不可過度苛求。

不得不批評他人的時候，應講究說話的技巧，不能用譏諷、挖苦的態度應對，傷害對方的自尊心。

以平和、溫和的態度去面對你的批評對象，剔除感情成分，將表情、態度、聲調加入到客觀的批評話語中，會產生較積極的效果。

對方有了缺點或犯下錯誤，如果一味橫加批評、講刺傷別人的話，或苛刻數落，例如：「你辦得怎麼這麼糟？」「做事爲什麼這樣不細心？你這樣對得起我嗎？」等等，絕對不妥當。

絕大多數情況下，當一個人做錯事，內心會展開反省，覺得抱歉、恐慌、不知所措，此時如果再加以嚴厲批評指責，他極可能會因此感到羞愧難過，甚至從此一蹶不振，無法再樹立自信。

因此，不妨換一種語氣，以取得較好的效果。

你可以這麼說：「以後做事，自己可要多加注意了。」或者：「我想，下次你一定不會再犯類似的錯誤。」

如此一來，對方不僅會感激你對他的信任，同時會感受到你付出的眞誠，更重要的是有了改正錯誤的信心。懷著正向心態，在今後的工作、生活中，必能更加小心謹愼，不再犯同樣的錯誤，並且提醒自己留心以前不曾注意到的缺點、毛病，適時修正。

美國空軍有一位著名的飛行員，經常參加飛行表演。有一次，他在聖地牙哥舉行表演後，返回洛杉磯駐地途中，飛機引擎突然熄火。雖然他憑著熟練的技術成功迫降，保住了性命，但飛機本身因此遭到嚴重損壞。檢查結果，發現是燃料添加上出了問題。

回到機場後，他立刻找上了為座機服務的機械師。

對方是個年輕人，正為因疏忽犯下的過失感到苦惱，深深自責，因為自己不僅毀了一架造價非常昂貴的戰機，更差點使機上三人送了命。

但是，出乎意料的事情發生了，飛行員沒有怒氣衝衝地批評、指責這位機械師的失誤，而是上前摟著他的肩膀說：「為了表明我堅信你不會再這樣做，希望你以後繼續為我提供優質服務，如何？」

後來，這位機械師不但沒有再犯錯誤，而且表現得更加出色。

試想，如果當時飛行員劈頭蓋臉就給這位機械師一頓諷刺抨擊，或是嚴厲的批評，不僅會大大地傷害對方的自尊心，還會使他變得更沮喪、自卑、畏首畏尾，甚至放棄本來可以做得很好的工作，也放棄了整個人生。

人際相處，不可避免會有一些不愉快的事情發生，面對這種情況，要慎用辭令，巧於交際，少些批評、多些理解，如此才能讓自己的溝通能力更上一層樓，更受人歡迎。

笑臉迎人，勝算更多好幾分

溝通之時如果少了微笑，言語將顯得黯然無味，將微笑與和氣融於溝通當中，就等於為談話添加籌碼，為獲利種下希望的種子。

在商場上，和氣方能生財。

想要健全溝通，首先應試著用笑臉去面對合作夥伴、對手，如此一來，即便處於不利地位，也能夠扭轉乾坤。

有人天生脾氣好，走到哪裡都能笑臉迎人，與人溝通、交往的過程中，多半能佔便宜。由此可以知道，學會笑臉迎人，是一種難得且富智慧的謀略。

漢初劉邦去世後，匈奴單于趁機欲侵吞漢朝疆土，還寫了一封十分欺侮人的信給呂后，信上說：「妳最近死了老公，我也正好死了老婆，不如妳就帶著江山來跟我過吧！」

可想而知，呂后看了這封極盡侮辱能事的信，恨不得宰了匈奴單于。但她到底是一個厲害的角色，冷靜衡量了利害關係後，採取了微笑外交，順水推舟地回信說：「我老了，只怕不能侍候大可汗。不過，我們宮中年輕貌美的人倒有。」並送了一名宮女和番，輕描淡寫地避過一場毀滅性災難。

當時，呂后要是負氣動武，結果可想而知。事實上，早在八年前，劉邦便曾親率大軍征討匈奴，但一戰即敗，被困在山西定襄，差一點遭到活捉。劉邦尚且如此，更遑論呂后。

但硬的不行，軟的卻達到了目的。劉邦的戰爭策略失敗，呂后的微笑外交則確保了國家的平安。

以上例子說明，微笑外交是處於不利地位的弱者應採取的交際謀略，使人們得到喘息空間，能於隱忍中求發展。

至於在一般情形下，微笑外交的主要作用，則在於製造良好的生存發展環境與氣氛。用微笑去對待每一個人，你將發現溝通變得比想像更容易。

想要獲得別人的歡迎，必須先付出眞心的微笑。

富蘭克林．貝特格是全美最知名的保險推銷員之一，他說自己在許多年前就發現了一個道理：面帶微笑的人永遠受歡迎。所以，在進入別人的屋子之前，他總會停留片刻，想想高興的事情，讓臉上自然而然展現出開朗、由衷而熱情的微笑，然後才推門進去。

千萬不要小看了微笑在溝通過程中可能產生的效用。用輕鬆愉悅的心情與滿腹牢騷的人交談，一面微笑、一面恭聽，你會發現過去感到討人厭的傢伙，全變成了受歡迎的人，曾經相當棘手的問題，現在全變得容易解決了。

毫無疑問，微笑帶來了更大的方便、更多的收入。你會發現，以前的自己很難與別人相處，可現在完全相反，因爲你學會了讚美、賞識他人，從別人的觀點看事物。自然而然，你將擁有更多機會，更感到快樂。

一個不擅長微笑的人，在生活中將處處感到艱難。即便臉上生來沒有微笑，也要練習在聲音或表情中加進微笑。

想要讓自己更受歡迎，你得做到下面這幾點：

・不想笑的時候也要笑

或許，你認爲太難了，明明不高興，爲什麼還要微笑？但事實上，這就是談話之時最好的溝通方法。

無論心事多麼沉重、多麼哀傷憂鬱，與外界溝通時，還是應該將負面情緒收起，不要因爲自己的憂鬱影響他人。

把煩惱留給自己，讓別人相信你現在非常愉快，在溝通中，即使你不想笑，仍要儘量保持微笑。

主動表露出高興情緒，人們也會跟著你笑。與別人分享自己的快樂，將能使大家臉上都帶著微笑。

・用你的整個臉去微笑

必須明白，一個美麗的微笑並不單屬於嘴唇而已，同時需要眼睛的閃爍、鼻子的皺紋和面頰的收縮構成。

一個成功的微笑，範圍包括了整張臉。

・運用你的幽默感

任何人都有幽默感，認爲自己不懂幽默的人，不過是把它深藏在無人知道的角落裡。跟別人在一起時，可以說說笑話，那樣有助於提升幽默感。但是，說的笑話必須愼選，萬萬不可是低級的笑話，或是尋別人開心的惡作劇，否則很有可能達到反效果。

・大聲地笑出來

微笑具有魅力，發自肺腑的大笑同樣能使人深受吸引。

或許你也有過同樣的經驗，在電影院看電影時，會因爲聽見某位觀眾哈哈大笑，便跟著笑起來。這就是「笑」的魅力的最好證明。

上面所說的種種，都是練習微笑的好方法。

如果你是一個害羞的人，在別人面前無法自由自在地發笑，那麼，再告訴你一個小秘訣——對著鏡子，練習對自己微笑，等到臉上能泛起了眞正的笑容，不感到彆扭後，再於人們面前呈現。

溝通之時如果少了微笑，言語將顯得黯然無味，倘若少了和氣，交流也無法進行下去。將微笑與和氣融於溝通當中，就等於爲談話添加籌碼，爲獲利種下希望的種子，產生極大幫助。

適當的讚美助你事半功倍

當對方犯了錯誤，不要毫不留情的給予指責，最好的溝通方式是透過讚美先緩和關係，然後再給予適當責備。

活在競爭激烈的商業領域，語言產生的影響力，遠比想像中還要大，唯有不斷增自己的強說話能力，才能無往不利。

細心研讀說話的各種技巧，掌握對方的心思後加以靈活應用，會使你更迅速擄獲人心，也更順利達成自己的目的。

人們受到責備時，多少會感到不痛快，因此必須謹慎行事。成功的指責是一種讚美，失敗的指責則正好相反，足以導致人際關係的動搖。

指出別人的錯誤，是對別人某項特質或某種行爲的否定，而否定又有輕重之別，應該針對犯錯者的個性採取區別對待，採用適當的方法分別指出。

如果你是公司老闆，見到員工在工作中出現失誤，你就應當講究指正方法，做到因人而異，使溝通發揮積極意義。

有的員工因爲本身個性的原因，常常缺乏幹勁，沒有主動性。對於他們的毛病，強硬指責往往無濟於事，因爲主動性必須從內心眞正激發出來，而非僅憑外在壓力。對待他們，指責只能是隱晦的，更適當的方法是進行激勵，或儘量調整職務內容，把工作與他們的專長和興趣聯繫。

以激勵替代指責，如此的溝通方法還能使員工產生責任感，在這種溝通模式下，員工必然心服口服，因爲努力得到了承認，積極性也得到了肯定。

有些時候，你可能會碰上一些比較「特殊」的人，無論怎麼批評、怎麼指責，對方都只是聽之任之，我行我素，依然如故。

千萬不要因此動怒，事實上，還是有溝通的方法。

有位女經理，精明強幹，手下的一班幹將也都十分出色，但前不久一名助手因為遷居而調職，由一位剛畢業的大學生接任。

這位新來的女大學生，人長得漂亮，又很會打扮，專業能力也很強，但做起事來馬馬虎虎，接手不久便出了不少狀況。

女經理一開始還忍著，認為一段時間之後會有改善，但事與願違，對方仍然是老樣子。非但如此，這個女孩把任何批評、責備都當耳邊風，讓人又氣又急，偏偏拿不出辦法。

有一天，那位女經理突然靈機一動，決定改變溝通方式——減少責備，把重點放在稱讚對方的優點上。

一天，這個女孩換上一身新衣，梳了時下較流行的髮型來上班。女經理一看，覺得機會來了，便馬上稱讚說：「這身衣服真不錯，再配上這個髮型，實在漂亮。要是妳工作起來也能一樣漂亮就好了！」

女孩聽了，臉一紅，馬上意會到經理話中有話。

沒想到這個辦法真靈驗了，不出幾天，那女孩的表現就好了很多，一個月後，表現出非常出色的工作成績。

溝通的目的，在促進彼此理解，因此可以透過許多途徑進行，責備固然是一種，但最好少用。要使對方理解自己的想法，可以從另一個角度出發，利用稱讚來使他們改掉毛病，進而達成目的，提高整體的工作效率。

當對方犯了錯誤，不要毫不留情的給予指責，最好的溝通方式是透過讚美先緩和關係，然後再給予適當責備。

化解身邊的矛盾與嫉妒

想要化解身邊困擾著自己的矛盾與嫉妒情緒，毫無疑問，你必須憑藉「溝通」這個有效法寶。

溝通不是萬能，沒有溝通卻是萬萬不能。和睦的工作氛圍是提升團隊向心力與效率的關鍵，這種氣氛，是在同事、上下級間做好溝通的前提下形成的。

溝通可以使同事間的矛盾由大化小、小而化了，更可以修復因摩擦產生的心靈傷痕，創造其樂融融的工作氣氛。

溝通的最主要功效之一，在於化解矛盾。

親朋好友之間，磕磕絆絆在所難免，與同事相處的過程中，自然也免不了糾紛、衝突、多多少少會有不愉快的事情發生。

學會圓融的溝通方式，可以使一切糾紛矛盾在交流中得到化解，從而鞏固人際關係，帶動事業蓬勃發展。

工作中，面對一些同事做了對不起自己的事，說了對不起自己的話，應該充分利用溝通了解問題或誤會產生的癥結所在，加以化解。一味地針鋒相對、以牙還牙是錯誤的做法，絕對無濟於事。

遇到比較難以化解的矛盾，更要仰仗溝通，讓對方瞭解自己的想法。當然，這要以眞誠的心爲前提。若是心口不一，表面上爲了講和，實際上卻是在爲自己辯解、推卸責任，必定收不到理想效果。

溝通的另一功效，在化解嫉妒。

嫉妒之心人皆有之，嫉妒的對象也因人而異，例如男人會嫉妒他人的地位、能力，女人會嫉妒他人的美貌，商人會嫉妒他人發大財，爲官者會嫉妒他人順利升遷……等等。

從本質上說，嫉妒就是看不得別人比自己強的一種心理失衡。那麼，該如何避開嫉妒的暗箭，防止它傷害他人或自己呢？

我們可以參照以下幾點：

‧視而不見

面對嫉妒心很強的人，即使你對他再寬容友好，多半都無濟於事。最好的辦法是視而不見，不加理睬，因爲與這種人往往沒有道理可講，更難以順利溝通。

「沉默是最有力的反抗」，對無法消除的嫉妒，就由它去吧！

‧不要輕易嶄露鋒芒

一個人若非常有才華，或者長相十分漂亮，難免會遭人嫉妒。在這種情況下，如果再刻意招搖，嫉妒者必定只會增加，不會減少，使自己成爲被攻擊的對象，處於孤立的境地。

爲了避免陷入如此困境，不如適度地對自己加以貶低、自嘲，或者在一些輕鬆的場合故意顯露出不足，以求得自保。

・學會容忍，以德報怨

與具強烈嫉妒心的同事針鋒相對，不會產生任何作用。事實上，你大不必因爲對方表現的嫉妒而生氣，反而應該高興，因爲那種表現證明了你的過人實力。

所以，你大可以寬容大度的心看待一切，與他友好相處，在適當的時候給他一分關心和幫助，適度化解一部分嫉妒。

想要化解身邊困擾著自己的矛盾與嫉妒情緒，毫無疑問，你必須憑藉「溝通」這個有效法寶。

笑一笑，溝通少煩惱

千萬別吝惜向人展露出微笑。笑一笑，溝通更順暢，你將發現自己因此更接近成功，更少煩惱。

「微笑是一句世界語言」，這句話的可信度，無須質疑。

的確，現實生活中，最容易被人接受和理解的表情，非微笑莫屬。沒有人不會微笑，不管性別年齡差異或是地位高低，人人都擁有微笑的能力。它能給家庭帶來歡樂，讓朋友備感溫馨，是世界上最好的禮物。經常把微笑掛在臉上，是讓他人喜歡你的不二法門。

湯瑪斯．愛德華是一家上市公司的負責人，也是一位擁有億萬財富的富翁。在他取得成功之前，不過只是一家公司的小職員，不善言談、表情呆板，根本不受同事與客戶的歡迎。

後來，他決定改變自己，開始經常把開朗、快樂的微笑掛在臉上。很快地，所有人都意識到了愛德華的與眾不同。

他開始每天早上都對妻子微笑，這個小動作完全改變了夫妻倆人的相處氣氛，讓他感受到比過往更多的幸福。

對身邊每一個人，他都以笑臉相迎，對大樓的電梯管理員如此，對大樓門廊裡的警衛如此，對清潔人員同樣如此，更對所有的同事和客戶展露微笑。理所當然，每個人回報給他的也都是微笑。

就這樣，過往討厭他的人逐漸地改變了觀點，也與他拉近了距離。湯瑪斯·愛德華變成了一個受歡迎的人，曾經感到棘手的人際問題，全都得以順利解決。

愛德華的事例，清楚地說明了微笑的重要，這正是他後來取得成功的一大原因。因爲學會了讚美他人、尋找他人的優點，站在別人的立場看事物，他擁有了快樂、友誼，成了一個眞正幸福的人。

接下來，還有另一則與微笑和溝通相關的故事：

張主任所在的單位，有一個很難填補缺額的部門要招聘一名員工。張主任找到一個很合適的人選，並主動與對方通了幾次電話。交談過程中，他得知還有好幾家公司也希望延攬對方，且實力都比自己所在公司強。

想不到，幾番思索後，這位合宜人選竟向張主任表示自己願意放棄其他公司的邀約，接下這份工作。

後來，在一次午餐中，張主任終於得知這位優秀人才願意加入公司的原因。對方是這樣說的：「其他公司的主任與經理，透過電話與我交談時，態度和語氣都非常生硬，相當拘謹客套，給我的感覺並不真誠。可是你卻完全不同，聽起來很親切，感覺確實是真誠地希望我能成為你們公司的一員。」

「當時，我似乎看到，電話的那一邊，你正面露微笑與我交談，因此我在聽電話的時候，也會情不自禁地以微笑回應。」

社交活動中，微笑是一項極有效的技巧，更是禮貌的體現，可以表現出一個人的涵養和水準。

曾有一位深深體會到微笑妙用的公司負責人說：「在我決定對手下員工微笑以後，最開始，大家非常不解，感到不可思議，接下來收到的回應就是欣喜與贊許。一段時間之後，我感覺生活比過去快樂多了，能夠得到的滿足感與成就感也較過去來得更多。」

「現在，微笑對我來說，已成為一種習慣，我對別人微笑，別人回報給我的也同樣是微笑，過去冷若冰霜的人，現在全都熱情友好起來。我的人際溝通交流，得到前所未有的成功。」

千萬別吝惜向人展露出微笑。笑一笑，溝通更順暢，你將發現自己因此更接近成功，更少煩惱。

了解運用部屬的長處

一個好的管理者，應該懂得挖掘每一位部屬的長處，了解他們的個性，才能好好運用這些優點來提高工作效率。

管理是上班族必備的一項基本能力，身處現代社會，上班族更須具有運用現代管理方式進行管理的才能。

在個人素養方面，要具備較高的管理和組織協調能力，善於處理人際關係，能夠妥善溝通上下關係。我們無法想像一個得不到同事支援、了解的人，能夠在管理方面有突出的成績。

記住，一個管理高手也必須是處理人際關係的高手。如果你具備這兩方面的能力，就更能把握生活和工作的最佳時機，創造出令人矚目的業績，爲你奠定晉升高階主管的基礎。

競爭的重點除了知識，就是人才。因此，要實現先進的管理目標，關鍵在於做好人才管理，掌握並培育具有管理能力的人才。

管理是一門複雜的學問，再先進的管理方法依舊需要「人」來執行，再先進的管理技術也依舊需要「人」來運用，管理科學的發展也要由「人」來總結和創造，因此，管理人員必須擁有特殊的素養和能力。

管理知識化和專業化，能幫助管理者對各種現況進行分析，找出運作的規律，形成一套科學方法，以便處理現實的各種問題。

想要成爲一個有能力的管理者，就要多接觸那些和自己「不合」的部屬，一方面盡力發掘他們的優點，同時更要試著改變他們。

世界上有許多愛說話的人，但眞正能說善道的卻不多。特別是有些管理階層的人，動不動就責備部屬，這樣不僅會使部屬感到難堪，自尊心受傷害，更打擊其他部屬的積極性，也使自己的形象受損。

很多人認爲，和部屬「討論」工作是件理所當然的事；但眞能這麼做的管理者，卻是少之又少。

絕大部分的管理者大約可以分成以下兩種：

1. 為人和藹可親，也常和部屬輕鬆交談，但對重要工作卻守口如瓶。

2. 雖然每天和部屬見面，卻很少交談，甚至為了保護自己的「尊嚴」，不屑與部屬談天。

第一種管理者多半認爲，既然是已經決定的事情，再多說也沒有什麼實質意義，還是少說爲妙。

第二種管理者更糟，只知道對下屬下一些諸如：「喂！給我一杯咖啡！」「這些文件整理一下！」「這份文件下班前打好！」之類的命令，全然不懂得拉攏人心。

還有，如果管理者連每天的例行工作都要一一吩咐，那麼有時反而會讓彼此感到生疏。這個部分同時也牽涉到管理者對自己的部屬，是否有一番系統性的深入了解。

比如有的人做事積極，但很冒失；有的人做事慢，但很少出差錯；有的人做事往往是三分鐘熱度；有的人例行工作做得很好，但缺少隨機應變的能力；還有的人工作順利時能充分發揮實力，一旦遇到困難就沮喪、裹足不前……等。

就好像人的長相往往不盡相同一樣，每個人的個性也各有所異。所以，如果只是對不同的人做同樣的要求，絕對無法好好發揮所有部屬的潛力，要怎樣才能將每個不同特性的人，所發揮的力量全部凝結在一起，提升爲團體的力量，就必須依賴管理者的管理智慧了，此時，與部屬的溝通便顯得十分重要。

管理者必須透過每天的工作和交流，實際掌握部屬的特性，然後根據不同的對象給予不同的管理，從而提升團體力量、提高工作效率。

如果不努力了解員工的眞正需求，就無法提升產業的競爭力。著名的霍桑實驗，就證明了這項事實。

在一家紡織工廠，有位女作業員的工作效率很差，剛開始大家都相信這位女作業員的理由，認爲是因爲光線太暗了，以至於影響工作效率。

但經過霍桑的調查之後發現，照明設備並不是主要原因，眞正左右工作效率的是人際關係。

也就是說，我們不能單憑表象就對某人下判斷，而是應該挖掘隱藏在他種種行爲背後的眞正內涵。

要知道，不論是何種類型的人，都有各自的優點和缺點，管理者必須針對不同的性格類型，進行溝通和工作分配。

然而，一般的管理者往往都忽略了這些要點，對每一個人都採取同樣的處理方式，這是絕對錯誤的。一個好的管理者，應該懂得挖掘每一位部屬的長處，了解他們的個性，才能好好運用這些優點來提高工作效率。

PART 8.

共同點是
搞定對手的關鍵

共同點是雙方交往的關鍵，
也是突破點，
只要抓住它，
就等於找到了拉近彼此距離、
搞定對方的最好工具。

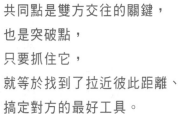

記住別人的名字，是成功的第一步

記住他人的名字，而且很容易地喊出來。這就是搞定人的重要方法之一，也是成功交際的法則。

大家都知道，唯有具備良好的社交能力，才能在現代社會遊刃有餘。

那麼，社交的秘訣是什麼？要如何才能使自己成爲左右逢源的成功人士，解決別人解決不了的人和事呢？

記住並且重視別人名字的方法，就是許多領導人成功的秘訣之一。

記住別人的名字，對於被喊出名字的人來說，無疑是語言中最甜蜜、最重要的聲音。掌握了這項心理特質，你就邁出了成功的第一步。

一八九八年，紐約的洛克蘭發生一場悲劇，一個孩子死了。

這天，鄰居們正準備去參加葬禮，法里走到馬房去牽他的馬。地上堆滿積雪，空氣寒冷，那匹馬好幾天沒有運動了，當牠被牽到水槽的時候便歡欣鼓舞起來，把兩腿踢得高高的。

結果，很不幸的，法里就這麼被踢死了。因此，這個小小的鎮上，一個星期內舉行了兩次葬禮。

法里留下一個寡婦和三個孩子，還有幾百美元的保險金。他最大的兒子吉姆才十歲，為了協助維持生活，必須要到一個磚廠工作——運砂，把砂倒入磚模，再把磚坯轉換方向在太陽下曬乾。

這個孩子一直沒有受教育的機會，但是，有一種讓人喜歡他的特質。後來，他走上了政治舞台，更練就一種記住他人名字的驚人能力。

他沒有進入任何一所中學就讀，但是在他四十六歲的時候，有四所學院授予他榮譽學位，同時也成為民主黨全國委員會主席、美國郵政總局局長。

有位記者前去訪問吉姆，請教他成功的秘訣，他說：「努力工作。」

記者聽了說：「您別開玩笑了。」

他接著問記者認為他成功的理由是什麼。記者回答：「聽說你可以喊出一萬個人的名字。」

「不，我能叫出五萬個人的名字。」他笑著說。

不要忽視這一點。他的這項能力曾幫助富蘭克林．羅斯福進入白宮。

在吉姆為一家石膏公司推銷產品的那幾年，以及升任小鎮上公務員之前的那幾年，他創造了一套記住別人姓名的方法。

這是一個非常簡單的方法，每次他新認識一個人，他就問清楚那個人的全名、家庭人口、他的職業以及政治觀點。

他把這些資料全部記在腦海裡。當他第二次他碰到那個人的時候，即使過了一年，他還是能夠拍拍對方的肩膀，詢問起他的妻子和孩子的情況，以及他家後院種的那些植物。

難怪他有一大群擁護他的人！

在羅斯福競選總統活動展開後，吉姆每天都寫好幾百封信，給遍佈在美國西部和西北部各州的人們。

然後，他跳上火車，在十九天內足跡踏遍了十九個州。

那一萬二千英里的路程，他以馬車、火車、汽車和輕舟代步，每到一個市鎮，就跟他認識的人共進早餐或午餐、喝茶或者吃晚飯，跟他們暢談肺腑之言，然後又繼續往下一站前進。

等他回到東部，又將所有和他談過話的人名單加以整理，這名單上的每一個人，都會收到一封吉姆的私函，那些信都以「親愛的比爾」，或者「親愛的傑克」開頭，結尾總是簽上「吉姆」。

吉姆能從一個輟學的孩童躍居爲成功人士，關鍵在於他知道「想搞定事情，必須先搞定人」，也很早就發現一般人對於自己的名字比對地球上所有名字的總和還要感興趣。

輕鬆喊出他人的名字，是獲取別人好感的一種相當有效的手段。

記住人們的名字，而且很輕鬆地就能喊出來，等於給予別人一個巧妙又有效的讚美。如果不肯用心，老是把別人的名字忘掉或者寫錯，你就會讓自己處於非常不利的地位。

因此，如果想獲得別人的好感、廣交朋友，順利推動自己的計劃，請務必記得：記住他人的名字，而且很容易地喊出來。這就是搞定人的重要方法之一，也是成功交際的法則。

投其所好，就能讓關係更好

在對對方的基本情況瞭若指掌的前提之下，做好以不變應萬變的心理準備。然後投其所好，讓對方產生「相見恨晚」的感覺，贏得對方信任。

在變動不羈的競爭環境中，想要拉攏某些關鍵人物，幫助自己拓展版圖，聰明的人會根據不同的情勢，採取相應的作戰方針，不管伸縮、進退，都進行客觀的評估，如此才能獲得勝利。

擬定作戰方針之時，最重要的一點是摸清對方的喜好。

在和對方正式交往之前，應該儘量對他的職業、性格、興趣愛好等有全面的瞭解，如此才能在交往的過程中投其所好，讓關係更好。

盛宣懷是晚清知名的大商人。

有一次，在李蓮英推薦之下，醇親王特地在宣武門內太平湖的府邸接見盛宣懷，向他垂詢有關電報的事宜。

盛宣懷之前從未見過醇親王，但與醇親王的門客張師爺過從甚密，從他那兒，瞭解醇親王兩個方面的情況：

一、醇親王跟恭親王不同，恭親王認為中國要效法西方，醇親王則認為中國不比西方差。

二、醇親王雖然好武，但自認為書讀得不少，頗具文采。

盛宣懷瞭解情況之後，就到身為帝師的工部尚書那裡抄了些醇親王的詩稿，背熟了好幾首，以備「不時之需」。盛宣懷還從醇親王的詩中悟出他的心思，胸有成竹之後便前來謁見醇王。

當他們談到電報的時候，醇親王問：「電報到底是什麼東西？」

「回王爺的話，電報本身並沒有什麼了不起，全靠活用，所謂『運用之妙，存乎一心』，如此而已。」

醇親王聽他能引用岳飛的兵法名言，便開始對他另眼相看，隨即問道：「你也讀過兵書？」

「在王爺面前，怎麼敢說讀過兵書？想當年英法內犯，文宗皇帝西狩，憂國憂民，竟至於駕崩。那時如果不是王爺神武，力擒三凶，大局真不堪設想。」盛宣懷略停了一會兒又說：「那時，有志氣的人，誰不想洗雪國恥，宣懷也就是在那時候自不量力，看過一兩部兵書。」

盛宣懷真是三句話不離醇親王的「本行」和他的「豐功偉績」，接著又把電報的作用描繪得神技其巧。醇親王聽了感覺飄飄然，乾脆把督辦電報的業務託付給盛宣懷。

如果一個人特意要去結識一個從未打過交道的陌生人時，應當把這個過程當成一次人生的挑戰，事先做好充分的準備。

會晤之前可以透過多種管道瞭解對方的背景、經歷、性格、喜好，在對對方的基本情況瞭若指掌的前提之下，設想對方可能提出的問題，或是會遭遇什麼狀況，做好以不變應萬變的心理準備。

如此，正式見面之時，便可以針對對方的特點有的放矢、投其所好，讓對方產生「相見恨晚」的感覺，進而贏得對方信任。如此一來，你便搞定了這個人，也搞定了讓自己備感棘手的事情。

共同點是搞定對手的關鍵

共同點是雙方交往的關鍵，也是突破點，只要抓住它，就等於找到了拉近彼此距離、搞定對方的最好工具。

與意氣相投的人在一起，往往會有酒逢知己千杯少的感覺，總是覺得彼此有說不完的話題。因此，和陌生人往來時，不妨多尋找彼此在興趣、性格、閱歷等方面的共同之處，使雙方在越談越投機的過程當中，獲得更多關於對方的資訊，迅速拉近距離，增進感情。

只要和對方意氣相投，往往會帶來意想不到的收穫。

老張最喜歡的一件外套被洗衣店的人熨了一個焦痕，決定向洗衣店要求賠償。

他與洗衣店的員工做了幾次交涉，都沒有獲得滿意的結果，於是決定直接找洗衣店的老闆談。

進了辦公室，看到洗衣店老闆面無表情地坐在那兒，老張心裡覺得更不爽快了。「老闆，我剛買的衣服被你的員工——不負責任的員工熨壞了，我來是要求賠償的，這件衣服六千多元。」張先生大聲地說道。

想不到老闆看都沒看他一眼，冷淡地說：「接貨單上寫著『損壞概不負責』的協定，所以我們沒有必要賠償。」

出師不利，冷靜下來的老張開始尋找突破口。他突然看到老闆背後的牆上掛著一支網球拍，心中便有了主意。

「老闆，你喜歡打網球啊？」老張輕聲地問道。

「是的，這是我唯一，也是最喜愛的運動了。你也喜歡嗎？」老闆一聽到網球的事，立刻卸下冷面具。

「我也很喜歡打網球，只是打得不怎麼好。」老張故作高興，而且表現出虛心求教的樣子。

洗衣店的老闆一聽更高興了，就向碰到知音一樣，與老張大談網球技法與心得。談到得意時，老闆甚至站起來做了幾個動作，老張則在旁邊大加稱讚老闆的動作俐落。等聊打網球聊了一個段落，老闆坐下來才想到，「哎喲，差點忘了，你那衣服的事……」

「唉呀，沒關係，我向你學了那麼多網球的知識，已經夠了！」老張繼續表現地很謙虛。

「這怎麼行？小楊！」隨即老闆吩咐道：「你給這位先生開張支票吧……」

這位老張可以說是位善於察言觀色的辦事高手。

他看出這位洗衣店老闆吃軟不吃硬，便先平息自己的怒氣，接著巧用心機，先找出能夠切入的共同點，讓洗衣店老闆能夠在別人面前一展風采，只要他一開心，什麼話都好說。

共同點是雙方交往的關鍵，也是交涉、談判的突破點，只要抓住它，就等於找到了拉近彼此距離、搞定對方的最好工具。

滿足對方虛榮心，就容易達到目的

稱讚對方自我得意的地方，就是為自己鋪路；滿足對方虛榮心，自己提出的要求就更容易被接受。

從對方得意的地方談起，這是辦事速成的一條捷徑。

每個人都有自認爲得意的地方，不管別人怎樣看，在他自己看來，都認爲是一件值得紀念的事情。

在行動之前，如果能預先做好充分的準備，在交談時有意無意地提起，在一般的情況下，對方一定因此感到很高興。

一所偏僻小學的校長沒有足夠的資金修繕校舍，多次按照規定向政府提出申請，卻始終沒有結果，不得已，只好向該地區水泥工廠的總經理求援。

校長之所以打算找該總經理，是因為這位總經理相當重視教育，曾捐出一百萬元發起成立教育基金會。但遺憾的是，聽說近兩年由於政府積極取締汙染嚴重的企業，因此水泥廠花費大量的資金在汙染防治處理上，在經營上也遭遇到了前所未有的困境。

校長知道這個情況，雖然覺得水泥廠提出援助的希望渺茫，但是他只要一想到全校師生的生命安全，只好「背水一戰」了。

校長到水泥廠拜訪，對總經理說：「我最近開會時一再聽到教育界的同仁對您的稱讚，實是欽佩！」

總經理連忙回答：「不敢當！不敢當！」

校長接著說道：「總經理，您真是遠見卓識啊，創辦的教育基金會不但確實對教育事業產生了積極的支持作用，更重要的是，您的觀念也影響深遠。教育基金會由您始創，如今已經由點到面向外擴張，發展到全國許多地區，真可謂香飄萬里，名揚四海！」

校長緊緊圍繞總經理頗感得意之處，從觀念影響到實際作用等方面都予以充分的肯定，談得總經理滿心歡喜。

接著，校長訴說了自己的「無能」和悔恨，「身為校長，明知校舍急需維修，時時困擾著學生的學習，危及師生的生命安全，卻毫無解決的辦法。要是教育界的上級都能像總經理這樣真心愛才、支持教育，只要提撥一百萬元就能卸下我心頭的重石。可是向上呈報了十幾次，至今卻依然沒有下文。」

聽到這裡，總經理立即起身拍拍胸脯，慷慨地說：「校長，你就不必再繼續求三拜四了，這一百萬元我捐給你們。」

校長緊緊握住總經理的手，表示由衷地感謝。

這位校長十分精明，在瞭解對方的情況之下，用美譽推崇的方式獲得了募捐的成功。

首先，他對總經理遠見卓識，首創教育基金會的行爲，從思想影響到實質成效方面都給予充分的肯定和適當的讚揚，稱頌他對教育產生了極大的鼓勵作用。接著，他再悲訴自己的「無能」，激發對方的同情心，進而深深地打動了對方，達到預期的目的。

稱讚對方自我得意的地方，實際上就是肯定對方的人生價值肯定，有誰不喜歡自己獲得肯定與讚賞呢？

看準他人的發光點猛烈進擊，既是對對方的尊重，同時也在爲達成自己目的鋪路。只要滿足了對方虛榮心，自己提出的要求就更容易被接受。

從對方感興趣的地方入手

與陌生人交談，並不像想像中那麼困難，只要選擇適宜的話題和方式，就能有效拉近雙方的距離，達到自己的目的。

找到與陌生人交談的話題，其實並不困難。

首先，要學會不論碰到哪種對象，都能運用談話技巧引起對方的興趣，然後再進行進一步交流。一旦你的談話內容引起對方的興致，接下來開展自己的工作就會很順利，目的也就很容易達成。

菲力普小時候有一次在小阿姨家中度週末，一位中年人也來到小阿姨家作客。和小阿姨隨便聊了幾句之後，那個人把注意力轉移到菲力普身上。

菲力普從小就對船隻很感興趣，這位客人也滔滔不絕地和菲力普談論這方面的知識，小菲力普跟他聊得很開心。

那個人離開後，菲力普還對那位客人讚賞不已。小阿姨說，那位客人是紐約的一位牧師，對船毫無興趣也沒有研究。

「是嗎？那他為什麼願意與我談論有關船隻的事情呢？」菲力普感到訝異，不解地問小阿姨。

小阿姨回答說：「因為這位牧師是一位善於交談的人。他知道你對船隻很感興趣，就談論能使你高興的話題。這樣一來，他就讓自己成了一個受歡迎的人。」

從那次談話之後，菲力普學會了與陌生人談話的技巧，並在他以後的社交場合派上用場。

與陌生人交談，除了儘量談論對方感興趣的話題之外，還要掌握一些交談的原則，以免產生尷尬的場面。

首先，不能獨佔談話的時間。交談是雙方之間相互交流，不能只顧自己高談闊論，而不給對方發表意見的機會。

要知道，對方不僅是聆聽者，更是參與者。如果你只顧著獨自一人滔滔不絕，對方就不願再聽你說下去，那是一種不尊重對方的表現。

其次，不能自吹自擂。與陌生人交談，自吹自擂是最要不得的行爲。假如你自吹自擂，無形中就意味著看不起對方、不尊重對方。

如此一來，對方就會覺得你既不穩重又不值得往來，也就不願與你再進行深入的交往。

此外，認眞傾聽對方說話，既是尊重對方，也是瞭解對方的好時機。

與陌生人交談，並不像想像中那麼困難，只要選擇適宜的話題和方式，就能有效拉近雙方的距離，達到自己的目的或效果。

如同故事中那位紐約牧師所展現的，談論對方最感興趣的事情，是有效促進交往深度的一條捷徑。

懂得如何與陌生人交談，不僅對工作有幫助，對人際交往也同樣有所助益，可以讓你在解決某些事情之時獲得有效的助力。

找到共鳴就能增進感情

沒有瞭解就無所適從，只有瞭解了，才會知道該從何處入手展開交流。盡可能尋找雙方的「共鳴點」，善用熱情，拉近心理距離。

在每個人的工作和生活中，難免要與各式各樣的人往來。

人與人之間的距離既遠又近，如果懂得如何接近陌生人，那麼，雙方就很容易由陌生人變爲朋友，相反的，要是不知如何接近，可能與對方永遠無法有交集，雙方可能永遠都是陌生人。

一個人若要與陌生人順利溝通，前提是要儘量瞭解對方。瞭解得越多，溝通便會越輕鬆。

與陌生人往來，如果能找到一個令人感到愉快的話題，那麼你們之間的距離將會越來越近。

在一次宴會上，羅斯福總統見到許多素不相識的人。這些人雖然都認得羅斯福，也知道他是總統，但是卻並不因羅斯福的政治地位較高，就表現出逢迎諂媚的態度。羅斯福向坐在旁邊的路斯．瓦特博士悄悄地說道：「路斯．瓦特，請你把坐在我對面所有賓客的概況都告訴我。」

不一會兒，羅斯福對那些陌生人有了大致的瞭解，知道每個人最值得驕傲的是什麼、從事過何種事業、有什麼愛好……等等。

根據這些，羅斯福找到了與那些陌生人交談的最好話題，他便主動與那些人攀談，很快地消除了彼此之間的陌生感。

試想，羅斯福如果沒有事前進行瞭解，那麼即使他再聰明，也無法恰到好處地與那些陌生人進行言語上的交流。

沒有瞭解就無所適從，只有瞭解了，才會知道該從何處著手展開交流。

與陌生人打交道，如何開頭是重要的關鍵。有一個好的開頭，還要慎選與對方交談的方式。活潑、生動的交談最容易拉近兩顆心的距離，使雙方產生共鳴。這麼一來，即使是陌生的人，也很容易成爲朋友。

若要使對方信服你，談話便要言之有據、言之有理、言之有物，言談務必要乾淨俐落、簡明扼要。記住，長篇大論的「演說」只會使對方失去耐心。

當對方說話時，要及時做出積極的反應，經常以點頭、微笑、手勢等回應，讓對方明白你在認眞地聽、用心地體會，這樣才能使對方保持高昂的興致，感到你的尊重。

如果對方向你提出問題時候，回答要表現得友好、眞誠。如果對方初次見面便向你透露心事，就要留心地傾聽，但不要匆忙地表達看法。即使對方向你徵詢意見，回答也務必要謹慎，不能引起對方的反感。

與人交流，要盡可能尋找雙方的「共鳴點」，而不是去評論他人的不足或說會使場面尷尬的話，善用你的熱情，拉近心理的距離，如此便能有利於雙方關係的發展。

加點幽默，才能搞定對手

在為人處事當中逐步掌握幽默技巧，就能夠巧妙地應付各種尷尬的場面，搞定難纏的對手。

幽默不僅能使人發笑、讓場面輕鬆，還能增添個人的魅力和風采。在針鋒相對的競爭過程當中，如果懂得用輕鬆的心情迎戰對手，就能增進雙方的感情，促進彼此之間更深入的溝通。

學會用幽默來包裝自己，在事業上將有意想不到的收穫。

美國的羅斯福總統和英國的邱吉爾首相在二次世界大戰期間，某次為了研究如何對付法西斯，舉行一次會晤。

在會面過程當中，雙方仔細地談論了對付日本、德國和義大利的詳細計劃，但在某些利益分配上，由於各自都為自己的國家著想，以至於無法儘快達成一致的協定，兩人都覺得很傷腦筋。

一天晚飯過後，邱吉爾去拜訪羅斯福，邱吉爾沒有讓工作人員傳報，直接進入羅斯福的住處，羅斯福剛剛洗完澡出來，正好一絲不掛地面對邱吉爾，兩個人都很尷尬。

羅斯福先反應過來，哈哈大笑著說：「邱吉爾首相，我羅斯福真是毫無保留地向大英帝國全面開放啊！」

兩個人都哈哈大笑起來，一場尷尬的場面就這麼化解了，還為接下來的溝通奠定了友好的基礎，兩人還結成了深厚的友誼。

在這種尷尬的時候，幽默是最好的潤滑劑，透過幽默能建立兩人之間的那種親密無間的友誼。

想要和別人輕鬆溝通，必須掌握幽默的基本技巧。

- 必要時先「幽自己一默」，即自嘲，開自己的玩笑。
- 發揮豐富的想像力，把表面上不同的事物或想法聯結起來，讓它們產生意想不到的效果。
- 提高語言表達能力，注重與語言的搭配和組合。

如果在爲人處事當中逐步掌握幽默技巧，就能夠巧妙地應付各種尷尬的場面，搞定難纏的對手。

人們都喜歡幽默的人，富有幽默感而成功的人不勝枚數，幽默是一種使人更具魅力的工具。

對於幽默這項工具的恰當運用，會使你的生活充滿活力，人際交往和諧、自然，更能使你在競爭中智勝一籌，並能夠獲得友誼。

PART 9.

話不點破，臉就不會撕破

遇到意外情況使對方陷入尷尬處境時，
有時候不一定非得要把話說破，
讓對方難堪，只要點到為止，
就能達到理想的效果，
還能為對方作足面子。

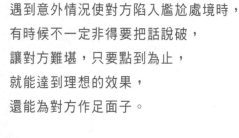

具備溝通智慧，才能事半功倍

在與人交鋒之前，最好擬定周詳的計劃，無論對手放出什麼暗器，你事先準備好的撒手鐧，就是搞定對方的必勝法寶。

作家肯尼斯·古地曾說：「如果你能從別人的角度多想想，你就不難找到妥善處理問題的方法。」

處理人，永遠比處理事情還困難。在這個注重行銷的年代，溝通能力已經成了最重要的競爭力。因此，想要搞定棘手的事情，就必須發揮巧妙的溝通技巧，先把關鍵人物搞定。

有備才能無患，與熟悉的人交往如此，與陌生人更應該這麼做。只有在事先儘量仔細地安排，才能在與對方交流的時候多幾分勝算。

有一次，拿破崙．希爾應邀向俄亥俄監獄的服刑人發表演說。他一站上講台，就看到眼前的服刑人中，有一位是十年前結識的朋友約翰，從前他曾是一位成功的商人。

拿破崙．希爾演講結束之後，與約翰見了面，瞭解他是由於偽造文書被判二十年徒刑。聽完他的遭遇之後，拿破崙．希爾說：「我要在六十天之內讓你離開這裡。」

約翰搖了搖頭，臉上露出苦笑，回答說：「我很佩服你的精神，但你可知道，至少已經有二十位具有影響力的人士運用他們所知的各種方法，想讓我獲得釋放，但一直沒有成功。因為這是辦不到的事！」

或許就是因為約翰最後的那句話——這是辦不到的事，向拿破崙．希爾下了戰帖，因此他決定向約翰證明他一定可以辦得到。

他回到紐約之後，請他的妻子收拾行李，準備在俄亥俄州立監獄所在地哥倫布市停留一段時間。

他的腦海中有一個「明確的目標」，要把約翰弄出俄亥俄監獄，他仔細地考慮，制定了詳細的計劃。

第二天，拿破崙・希爾前去拜訪俄亥俄州長，向他表明了此行的目的。他是這麼說的：「州長先生，我這次是來請求您下令把約翰從俄亥俄州立監獄中釋放出來。我有充分的理由請求您釋放他，希望您立刻給他自由。」

「在服刑期間，約翰在俄亥俄州立監獄中推出一套函授課程，您當然也知道這件事，他已經影響了監獄中兩千五百一十八名囚犯中的一千七百二十八人，他們都參加了這個函授課程。更難得的是，他這麼做並未花費州政府一分錢。監獄的典獄長及管理員告訴我，他一直很小心地遵守監獄的規定。一個能夠讓一千七百多名囚犯努力學習的人，絕對不會是個壞傢伙。」

「我來此請求您釋放約翰，因為我希望您能派他擔任一所監獄學校的校長，這將使得美國其餘監獄的十六萬名囚犯獲得向善學習的機會。我準備擔負起他出獄後的全部責任。」

「我並不是不明白，如果您將他釋放，您的政敵可能會藉此機會攻擊您。事實上，如果您將他釋放，而且又決定競選連任，將會使您失去很多選票。」

俄亥俄州州長維克．杜納海聽完希爾這番話之後，緊握了拳頭，寬廣的下巴顯示出堅定的毅力，回答說：「如果這些就是你對約翰的請求，我將釋放他，即使這麼做會使我損失五千張選票，也在所不惜。」

這次說服工作就如此輕易地完成了，而且整個過程費時竟然不超過五分鐘。三天以後，州長維克．杜納海簽署了赦免特狀，約翰走出了監獄的大門，再度恢復了自由之身。

柯立芝曾經強調溝通能力的重要：「言語是人類心智的軍火庫，藏著以往的戰利品，更藏著征服未來的武器。」

確實如此，言語是現代社會必備的競爭資本，溝通的藝術決定你能不能搞定事情。只要能增強自己的溝通能力，就能增添自己的魅力與說服力，搞定難纏的人物，讓事情順利達成。

拿破崙．希爾之所以能夠成功說服州長，與他的周密考慮和精心安排分不開，有條不紊且言之成理的說服方式，終於讓州長點頭答應。

拿破崙．希爾事先調查了約翰在獄中的行爲表現相當良好，而且對一千七百二十八名囚犯提供良好的學習服務，於是擬定了說服策略，直接向最關鍵的人物提出請求。

他知道，當約翰創辦了世界上第一所監獄函授學校時，同時也爲他自己打造了一把開啓監獄大門的鑰匙。

這個案例說明了，想搞定事，必須先搞定人；想說服別人或是與人交鋒之前，最好擬定周詳的計劃，這麼一來，無論對手放出什麼暗器，你事先準備好的撒手鐧，就是搞定對方的必勝法寶。

機智善辯搞定對手

社交過程中要善於發現問題，隨著情況的變化不斷調整應變策略，以靈活的思考為基礎，以機智搞定為難你的對手。

社會是一個複雜多彩的舞台，交際是這個舞台中必不可少的角色，溝通則是扮演好這個角色的道具。

人想要適應這個社會、這個時代，就要努力扮演好自己獨特的角色。逢場作戲肯定難以長久，真心溝通、友好交流才是結識朋友、展現自我魅力的最佳方式之一。

在交際的過程當中，有時難免會遭遇到難堪或是尷尬的場面，此時就需要發揮機智。機智能使人擺脫尷尬，融洽人與人之間的關係，獲得廣泛的友誼，同時也是事業成功的重要因素之一。

機智能夠仰賴後天的培養，只要肯學、善學，就能夠獲得。

當美國第三十五任總統候選人提名時，由於甘迺迪非常年輕，所以成了他競選的不利條件。

當時，眾議院發言人薩姆．雷伯恩就曾批評：「甘迺迪是乳臭未乾民主黨領導人之一。」

甘迺迪笑道：「薩姆．雷伯恩可能認為我年輕，不過對於一位已經七十八歲的人來說，他眼中的大部分人都很年輕。」

甘迺迪用機智回擊了他的對手，但他們並不善罷干休。哈里．杜魯門在一次全國性演說中向甘迺迪挑戰，「我們需要的是一個極其成熟的人。」

甘迺迪則還擊說：「如果年齡一直被認為是一個標準，那麼美國將放棄對四十四歲以下所有人的信任。這種排斥可能阻止傑佛遜起草《獨立宣言》、阻止華盛頓指揮獨立戰爭中的美國軍隊、阻止麥迪遜成為起草憲法的先驅、阻止哥倫布發現新大陸。」

一家英國電視台的記者在採訪大陸著名作家梁曉聲時提一個十分刁鑽的問題：「沒有文化大革命，可能就不會產生你們這一代作家。那麼，文化大革命在你看來是好還是壞？」

這個問題確實難以回答，文化大革命不是容易說得清楚的問題，不論回答是好是壞，都容易觸碰到敏感的政治問題，很顯然地，這名英國記者的用意是想讓梁曉聲為難。該怎麼辦？

面對這個問題，梁曉聲鎮定自如，機智地反問道：「沒有第二次世界大戰，就沒有以反映第二次世界大戰而著名的作家。那麼，你認為第二次世界大戰是好還是壞呢？」

聽完這樣的回答，英國記者哈哈大笑，與梁曉聲握手言和，後來二人還成了很好的朋友。

甘迺迪和梁曉聲在遭到突如其來的詰難時，以非常機智靈敏的方式巧妙地回答對方，並予以有力的反擊，最後都順利解決問題。

面對紛雜的人與事，既要善於發現問題，判定相應的對策，還要隨著情況的變化不斷調整應變策略，才能使事情朝自己期盼的方向發展。

機智的話語可以使人擺脫困境，機智的溝通方式則會使人得到意想不到的收益。當然，這都要以靈活的思考模式為基礎。每個人都應該鍛鍊自己這方面的能力，以機智搞定為難你的對手。

巧用暗示，點至為止

直截了當回應，很多時候不但無法有效解決問題，反而會讓情況更加複雜，不妨巧妙地旁敲側擊，用暗示的方式和對方溝通。

暗示，也是人與人之間相互影響的一種方式。

暗示往往出於特殊目的，採取隱晦、含蓄的語言和行爲，巧妙地向對方發出某種訊息，由此影響對方的心理，使對方不自覺地接受自己的建議、意向，進而改變自己的行爲。

美國經濟大蕭條時期，想找到一份工作是很困難的。有位小女孩幸運地在一家高級珠寶店找到了一份銷售珠寶的工作。有一天，珠寶店裡來了一位衣衫襤褸的年輕人，滿臉悲愁，雙眼緊盯著櫃檯裡的寶石首飾。

這時，電話鈴響了，女孩趕忙前去接電話，一不小心碰翻了一個碟子，有六枚寶石戒指掉到地上。

她慌忙撿起其中五枚，但第六枚卻怎麼也找不到。此時，她看到那個年輕人正緊張地向門口走去，頓時知道那第六枚戒指在哪裡了。

那個年輕人走到門口時，女孩叫住他：「對不起，先生！」

那個年輕人轉過頭來，問道：「什麼事？」

女孩看著他抽搐的臉，一聲不吭。

那個年輕人又問了一句：「什麼事？」

女孩這才神色黯然地說：「先生，這是我的第一份工作，現在工作很難找，是不是？」

年輕人很緊張地看了女孩一眼，抽搐的臉才浮出一絲笑意，回答說：「是的，的確如此。」

終於，那位年輕人伸出手，說道：「我可以祝福妳嗎？」

女孩也立刻伸出手來，兩隻手握在一起。女孩仍以十分柔和的聲音說：「也祝你好運！」

隨即，那個年輕人轉身離去。女孩則慢慢走向櫃檯，把手中握著的第六枚戒指放回原處。

毫無疑問地，這是一起盜竊案，在通常情況下，大部分人會大呼小叫地抓竊賊或者報警。但是，這個女孩卻巧妙地運用了暗示，既不驚慌失措也不聲張，讓小偷主動歸還了竊物。

暗示是一種既溫和婉轉又能清晰明確表達想法的溝通藝術，運用迂迴的語言含蓄地表達意思的方法。這是交際中的一種緩衝方法，能使原本也許困難的人際交往變得順利，讓對方在比較舒適的氛圍中領悟到話中真正的涵義。

暗示的顯著特點是「言在此而意在彼」，能夠誘導對方去領會你的語意，尋找言外之意。從心理學的角度來看，委婉暗示的話語，不論是提出自己的看法還是勸說對方，都能顧及對方的自尊，使對方更容易接受你的說法，進而達到了溝通的目的。

生活中有很多尷尬的事情發生，如果選擇直截了當回應，很多時候不但無法有效解決問題，反而會讓情況更加複雜，甚至產生難以預料的後果。

此時，不妨巧妙地旁敲側擊，用暗示的方式和對方溝通，如此將能夠產生明顯的效果，既解決了問題又不傷和氣。

話不點破，臉就不會撕破

遇到意外情況使對方陷入尷尬處境時，有時候不一定非得要把話説破讓對方難堪，只要點到為止，就能達到理想的效果，還能為對方作足面子。

人都會犯錯，難免會做一些不適當或是錯誤的事。

在這種情況下，就必須要把握好指責他人的分寸，特別是在公開場合，既要指出對方的錯誤，也要保留對方的面子。

心理學家研究顯示，每個人都不願自己的錯誤或隱私在公衆面前「曝光」，一旦出現這種情況，就會感到難堪或惱怒。

因此，在交際中，如果不是爲了某種特殊的需要，應該儘量避免觸及對方的敏感區，更要避免使對方當衆出醜。必要之時，可以委婉地暗示對方的錯誤或隱私，造成他心理上的壓力，但不能過分，要點到爲止。

北京一家知名的飯店裡，一位外賓吃完一道茶點後，順手把精美的景泰藍筷子悄悄地插入自己的西裝內裡口袋。

這一切被服務小姐看在眼裡，她不露聲色地迎上前去，雙手拿著一只裝有一雙景泰藍食筷的綢面小匣子，和顏悅色地說：「我發現先生在用餐時，對我國景泰藍筷子愛不釋手，非常感謝您對於這種精細工藝品的賞識。為了表達我們的感激之情，經餐廳主管批准，我代表本店將這雙圖案最為精美，並且經過嚴格消毒處理的景泰藍筷致贈給您，並依照飯店的『優惠價格』記在您的帳簿上，您看好嗎？」

這位外賓當然明白這些話的弦外之音，當即表示了謝意之後，接著解釋道：「我多喝了幾杯，頭有點暈，不小心將筷子放進衣袋裡。」並藉此「台階」說：「既然這種筷子不消毒就不好使用，我就『以舊換新』吧！哈哈。」

說著，他取出內衣口袋裡的筷子放回餐桌上，接過服務小姐給他的小匣，不失風度地向結帳處走去。

另一方面，當對方由於某種原因處於尷尬處境時，同樣地，你也可以爲對方留足面子。既能使當事者體面地「順著台階下」，又儘量不讓在場的旁人覺察，這才是最巧妙的處理事情的方法。

一次，一位外國客人在一家五星級飯店擺席宴客，宴請十個人，卻只要了三瓶酒。飯店女服務員知道十個人五道菜，起碼得開五瓶酒，看來這位客人手頭似乎不怎麼寬裕。

於是，她不露聲色地親自為客人斟酒。

五道菜之後，客人們酒杯裡的酒還滿著。這位外賓的臉上很光彩，感激這位服務員為他圓了場，臨走時表示下次還會來這裡。

善於交往的人往往都會不動聲色地讓對方擺脫窘境。

如果服務員由於客人只開三瓶酒而嫌他吝嗇，不懂得悄悄爲他圓場，甚至刻意讓他出醜，這樣就會失去一位「回頭客」。

遇到意外情況使對方陷入尷尬處境時，有時候不一定非得要把話說破讓對方難堪，只要點到爲止，就能達到理想的效果，還能爲對方做足面子。

當你在爲對方提供「台階」的同時，如果能採取某些更加妥善的措施，及時爲對方的面子上再增添一些光彩，那無疑是最好的應對方式，會使對方加倍感激你。

好言相勸勝過惡語相對

人的想法不易改變。你不能強迫他們同意你的觀點，但你完全有可能引導他們，只要你溫和友善且言之有理。

再怎麼有修養的人，有時也許會激怒了他人，或者被人激怒。人被人激怒，也許就會激動地說出一大堆氣話，在情緒宣洩的當下確實能夠消除自己的憤怒，讓自己感到分外輕鬆，但是，你有沒有站在對方的立場著想？有沒有想過別人會有什麼感受？

「假如你握緊雙拳找上我，我想我也會不甘示弱。」伍德羅．威爾遜說道：「但是，假如你對我說：『讓我們坐下來討論。』如果我們的意見不同，那就找出不同之處在哪裡，問題的癥結在哪裡，那麼，我是可能接受的。我們也許只在部分觀點不同，但大部分還是一致的。只要彼此有耐心，願意開誠佈公，還是可以達到一致的步調。」

威爾遜的這番說法顯然還不及小洛克菲勒。

一九一五年，發生了美國工業史上最激烈的罷工，並且持續了兩年之久。在科羅拉多州，憤怒的礦工要求科羅拉多燃料鋼鐵公司提高薪水，當時小洛克菲勒正負責管理這家公司。由於群情激憤，公司的設備遭受破壞，政府還派軍隊前來鎮壓，因而造成流血衝突，不少罷工工人被射殺。

那樣的情況之下，可說是民怨沸騰。但小洛克菲勒最後卻贏得了罷工者的信服，他是怎麼做到的呢？

小洛克菲勒花了好幾個星期結交朋友，並向罷工者代表發表演說。那次的演說相當精采，他不但平息了眾怒，還為他自己贏得了不少讚賞。

演說的內容是這樣的：

「這是我一生當中最值得紀念的日子，因為這是我第一次有幸能與這家大公司的員工代表們見面，還有公司行政人員和管理人員。我可以告訴你們，我很高興能夠站在這裡，有生之年都不會忘記這次聚會。

「假如這次聚會提早兩個星期舉行，那麼對你們來說我只是個陌生人，我也只認得少數幾張面孔。但由於這兩個星期以來，我有機會拜訪整個南區礦場的營地，私下和大部分代表交談過。我拜訪過你們的家庭，與你們的家人見面，因而現在我不算是陌生人，可以說是朋友了。基於這份互助的友誼，我很高興有這個機會和大家討論我們的共同利益。」

「由於這個會議是由資方和勞工代表組成，承蒙你們的好意，我得以坐在這裡。雖然我並非股東或勞工，但我深覺與你們關係密切。從某種意義上說，也代表了資方和勞工。」

多麼出色的一番演講，這可能是化敵爲友的一種最佳藝術表現形式之一。

假如小洛克菲勒採用的是另一種方法，與礦工們爭得面紅耳赤，用不堪入耳的話語辱罵他們，或暗示錯在他們，用各種理由證明礦工的不是，那麼結果只會招惹更多的怨憤和暴行。

假如人的心裡忿忿不平，對你的印象惡劣，那麼，就算你說破了嘴皮子，也很難使他們信服。

想想那些好責備的雙親、專橫跋扈的上司、嘮叨不休的妻子，我們就應該體認到一點——人的想法不易改變。你不能強迫他們同意你的觀點，但你完全有可能引導他們，只要你溫和友善且言之有理。

先搞定心情，再搞定事情

只有掌握做人做事的藝術，進行良性溝通，才能扭轉人心，只要搞定了人的心情，處理起事情就輕鬆多了。

林肯常常說一句古老且顛撲不滅的處世眞理：「一滴蜂蜜要比一加侖的膽汁能招引更多蒼蠅。」

處理事情也是如此，想解決事情，必須先贏得人心；想贏得人心，首先要讓他人相信你是最眞誠的朋友，那樣就像有一滴蜂蜜吸引住他的心，接著就能搞定所有事情。

商界人士都知道，對於罷工者表示友善的態度是必要的。舉例來說，懷特汽車公司的某個工廠有二百五十名員工，因要求加薪不成而進行罷工抗議。

當時公司的總裁羅伯．布萊克沒有採取動怒、責難、恐嚇或發表霸道言論的做法，而是在報上刊登一則廣告，稱讚那些罷工者「用和平的方法放下工具」。布萊克發現罷工的員工無事可做，便買了許多球棒和手套讓他們在空地上打棒球。有些人喜歡保齡球，他便租下一個保齡球場。

布萊克富於人情味的舉止，得到的當然是富有人情味的反應。那些罷工者找來了掃把、畚斗和推車，開始把工廠附近的紙屑、煙蒂等垃圾掃除乾淨。這真是想像的景象！一群罷工工人在爭取加薪的同時，竟然清掃工廠附近的地面！這在漫長、激烈的美國罷工史上是絕無僅有的。這次罷工終於在一星期內獲得和解，並沒有產生任何不快或遺恨。

美國著名律師丹尼．韋伯斯特之所以被許多人奉若神靈，就在於他也相當懂得運用溫和的、尊重對方的話語來處理事情。

雖然他的聲譽如日中天，但他那極具權威的辯論始終充滿了溫和的字眼，他的辯論中經常出現這些詞語：「這有待陪審團的考慮」、「這也許值得再深思」、「這裡有些事實，相信您沒有疏忽掉」、「這一點，由您對人性的瞭解，相信很容易看出這件事的重大意義」……這些言詞沒有恫嚇，沒有高壓手段，沒有強迫說明的企圖，韋伯斯特用的都是最溫和、平靜、友善的處理方式，但仍不失權威性，這正是他成功的最大助力。

人與人之間難免產生摩擦和衝突，需要進行理性溝通，惡言相對是說話，好言相勸也是說話，但兩者產生的效果卻截然相反。能說、會說的人在處理事情時絕對不會採取前者，那樣反而會讓事情往更糟的方向發展。

只有掌握做人做事的藝術，進行良性溝通，才能扭轉人心，只要搞定了人的心情，處理起事情就輕鬆多了。

自我推薦，別人才看得見

在適當的時候把握機會展現自己，把自己的過人之處突顯出來，給自己一次機會，也給他人一次機會。

我們時常聽到有些沒能力又不努力的人，大言不慚地抱怨自己懷才不遇，是匹沒有遇上伯樂的千里馬。

其實，會說這種話的人都是經不起檢驗的庸才。在職場上，根本不存在懷才不遇，關鍵在於你究竟有多少能耐，又如何表現自己。只要能力夠，又懂得把握住表現的機會，適時地展現自己，那麼成功將離你不遠。

戰國時代，趙國與秦國作戰屢戰屢敗，因此公子平原君向楚國求援。

他計劃從門下的食客中挑選二十名德才兼備的人和他一同前往楚國，但選出十九位之後就再也選不出最後一名了。

正當平原君感到一籌莫展時，一位名為毛遂的人要求加入。

平原君以懷疑的態度對毛遂說：「凡人在世，如同錐子裝在袋子裡面，若是夠銳利，尖端很快就會戳穿袋子，展露鋒芒。你在我門下三年卻沒沒無聞，是不是我沒有給你表現的機會呢？」

毛遂說：「我之所以沒有用武之地，就是因為我一向沒有機會，如果把我放在袋子裡面，不僅尖端，甚至連柄都能穿出袋子。」

平原君聽了話，同意讓他加入，一群人便前往楚國求援。到了楚國，毛遂果然大展鋒芒，幫助平原君完成了任務，令其他門客望塵莫及。

其實，機會的把握，取決於兩方面：

- 自己是否具備了讓人肯定的能力。
- 自己是否能在適當的時候表現自己。

毛遂在平原君門下三年卻沒沒無聞，導致平原君從來不曾注意到他。一方面是因爲毛遂沒有機會表現自己的才能，另一方面是平原君根本不曾與毛遂進行交流，因此當然就不瞭解毛遂的雄才偉略。

所以說，在適當的時機展現自己，是在職場上取得勝利的要訣。當然，想表現自己也要有「資本」，千萬不能譁衆取寵。

毛遂自薦的例子應該讓我們引以爲戒，應當在適當的時候把握機會展現自己，把自己的過人之處突顯出來，給自己一次機會，也給他人一次機會。

嘮叨無法達成你的目標

破壞家庭的魔鬼中，最惡毒的就是嘮叨，它就像原子彈，既讓家庭生活無法安寧，也將自己炸得體無完膚。

許多哲人都強調，在破壞愛情的惡魔中，最具有殺傷力的就是嘮叨。它給婚姻帶來的只有分裂，最終還會以悲劇收場。婚姻也是人際關係的一種，想經營好自己的婚姻，第一個守則便是：別讓嘮叨有機可乘。

拿破崙的侄子——拿破崙三世被號稱全世界最美的女人尤琴．德伯女伯爵深深吸引，打算與她共組家庭。

拿破崙三世的顧問對他說：「尤琴．德伯既沒有顯赫地位，也沒有至高的權勢，只是西班牙一個伯爵之女，和您根本毫不匹配。」

但是，拿破崙三世卻說：「這些都不重要。我被她高雅的氣質、青春活力和迷人的美貌折服了。」

後來，他不顧全國人民反對，與尤琴．德伯結婚。婚後，拿破崙三世夫婦倆過著幸福美滿的生活，婚姻的聖火在人世間熾熱地燃燒。然而，這段美滿的婚姻很快化為灰燼。儘管拿破崙三世擁有至高無上的權力，讓尤琴當上皇后，也有數不盡的財富可以供尤琴享樂，可是這些依然無法阻止她的嘮叨和挑剔。

過分的嫉妒和猜疑，使尤琴無視拿破崙三世的命令，有時拿破崙三世在處理國務時，尤琴會衝進他的辦公室無理取鬧；在他與幕僚商討重大國事時，她也會前來干擾。她總是懷疑拿破崙三世對她不忠，懷疑他與其他女人鬼混。她經常跑到她姐姐那裡，向她抱怨自己丈夫的過錯，不是這不好就是那不好。

當拿破崙三世回到宮中，她總是對他嘮嘮叨叨、哭鬧不休，威嚇性的話也經常說出口。有時，她還會強行衝進丈夫的書房，不顧場合地對他大發雷霆，用惡言惡語辱罵他。

種種惡行讓拿破崙三世認為自己無法繼續維持這樣的家庭生活了。拿破崙三世貴為法國皇帝，在尤琴面前卻沒有絲毫尊嚴可言，即使擁有無盡的財富卻苦無安身之處。漸漸地，他開始跟一個親信在半夜從小側門悄悄地溜出去尋找一位善解人意的女孩，或是參觀古老的巴黎。

這就是嘮叨造成的結果。

尤琴擁有法國皇后的崇高地位和權力，擁有超凡脫俗的美貌，但卻毀在嫉妒、猜疑和喋喋不休當中，無疑是相當令人惋惜的。事實上，她可以選擇良性互動，也可以用更婉轉、更貼心的手法，牢牢綁住拿破崙三世的心。

破壞家庭的魔鬼中，最惡毒的就是嘮叨，而且它總會得逞。它就像原子彈一樣具有毀滅性，既讓家庭生活無法安寧，也將自己炸得體無完膚。

破壞了自己的家庭，破壞了自己的形象，讓原本美好的愛情和圓滿的家庭就這麼毀於「嘮叨」，這是何苦呢？

PART 10.

真誠的關心，什麼人都搞得定

人與人之間的關係是相互的，
只要試著用心去關心別人，
那麼即使是陌生人，
也能夠成為朋友。

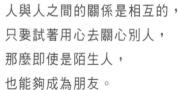

真誠的關心，什麼人都搞得定

人與人之間的關係是相互的，只要試著用心去關心別人，那麼即使是陌生人，也能夠成為朋友。

不管願不願意，每個人的一生都會面對許許多多的陌生人。

對於我們的親人、朋友付出關心並不困難，然而，要對陌生人付出關心，對許多人而言，並不是一件簡單的事。

但是，很多時候，唯有關心對方，才能贏得對方的心，接下來才能讓自己的處事更加順利。

被譽為「魔術之王」的塞斯頓，前後周遊世界共四十年，一再創造出各種幻象魔術表演，令觀眾如癡如醉、驚奇不已，受到全球數千萬人的歡迎，獲得了巨大的成功。他說，不是他的魔術知識高人一籌，關於魔術的書籍已經有幾百種，而且有幾十個人知道的魔術與他一樣多。他認為他之所以能如此受歡迎，原因在於他擁有其他人所沒有的獨到優點——他在舞台上能夠展現自己的個性，有打動觀眾的獨特風格。

他是一位表演天才，瞭解人類的性格，他的每個手勢、每種聲調、每一次提起眼眉，都是經過事先的演練，他的每一個動作也都配合得天衣無縫。更為重要的是，塞斯頓真心關心觀眾的感受，能夠為觀眾付出所有的熱情。

有些技藝高超的魔術師認為觀眾都是一群笨蛋，都被自己騙得團團轉，但塞斯頓完全不那麼認為。

他每次上台之前都會對自己說：「感謝這些人看我的表演，是他們使我過著舒適的生活，我一定要盡力為他們帶來最棒的演出。」

塞斯頓就是這樣一位用關心贏得觀眾喜愛的表演者。

著名的心理學家阿德勒曾在《生活的意義》一書中說：「對別人漠不關心的人，他的一生困難最多，對別人的損害也最大。所有人類的失敗，都是由這些人造成的。」

事實上，如果能夠眞心誠意地關心別人，那麼你的生活將會更加順利，別人對你的幫助也將使你大爲受益。

在生活中，大多數人往往苦嘆不知該如何消除與陌生人之間的隔閡，進而使雙方熟悉，展開交往。每個人都想博得他人的關心與認可，但是卻忽略了對別人的關心與認可，結果當然不會有人來關心自己。

其實，人與人之間的關係是相互的，你不關心別人，別人也不會關心你。假如你只希望受到注意，只想讓別人對你產生興趣，卻不在乎別人的想法，那你就永遠也不會擁有眞摯誠懇的朋友。

只要試著用心去關心別人，那麼即使是陌生人，也能夠成爲有用的朋友，幫你完成一些原本難以搞定的事情。

要使別人喜歡你，或是得到別人的幫助，讓生活更加愉快，就請從改變自己開始——眞誠地關心別人，愛護別人。

真心付出，朋友才樂於相助

當你真心為朋友付出之後，這種付出會形成一種資源存儲起來不會消失，只要一有機會，必將以某種意想不到的方式回報給你。

在與朋友交往的過程中，千萬不要吝嗇付出。如果心胸狹窄，總擔心在交往中吃虧，甚至想佔便宜的人，是交不到朋友的。

精於溝通的人都知道，樂意爲朋友付出是一種靈活的、有效的交往方式，在這種前提下交往，收穫一定大於付出。

漢斯先生是一位成功的企業家，但他既沒有亮麗的高學歷，也沒有雄厚的資金，更沒有顯赫的家世背景，那他到底是靠什麼成功的呢？

答案只有一個——靠朋友們的幫助。

其實，漢斯以前是一個很孤獨的人，由於他一無所有，別人都不願意與他往來。漢斯在忍耐寂寞人生的同時，漸漸體會朋友的重要，也學會了與人溝通、交往，並付諸實行。

漢斯十分珍惜自己的朋友，對朋友的重視甚至超過了別人的需求。只要朋友來訪，他一定熱烈歡迎，不管經濟狀況多麼拮据，他都好像隨時在等待朋友到來，並且真心誠意地接待，朋友回去時，還讓他們帶些土產紀念品。

每個人都有自己的事，漢斯先生也不例外，但無論他多麼忙碌，都不會把朋友來訪視為一種麻煩和困擾。朋友問他為什麼如此熱切，他說：「我是一個一無所有的人，與朋友來往就應該讓對方覺得和我來往會得到某些方面的愉快與益處。」

「絕不自私自利，樂於為朋友付出」，是漢斯贏得朋友、取得成功的秘訣。相反的，如果和朋友交往時只想著如何從別人身上獲取，那麼將難以交到真心的朋友。

與漢斯相比，沃特是出身名門的「富家子弟」，他想憑著自己的「優厚條件」闖出一番事業。

但是，他與別人交往時，首先考慮的是這個人對自己有沒有利用價值。比如，與這個人交往，以後向銀行貸款時可能會獲得幫助；或許與這個人做朋友能學到一些致富經驗，能夠從那個人身上得到一些有利的資訊……

他就是這樣對待周圍的人，想辦法從自己接觸的人身上攫取利益。結果，他不僅沒有交到真正的朋友，更不用說得到別人的幫助了！

漢斯和沃特交朋友時抱持不同的態度，結果也就完全不同。

漢斯的做法是先為朋友付出，結果獲得很大的回報；沃特一心索求，結果卻什麼也得不到。

社會心理學家霍曼斯指出，人際溝通的本質是一種交換的過程。交換的任何一方，都希望所做的交換對自己是有價值的，也希望交換的結果是得大於失。

在這個過程中，自己認爲值得的人際關係就傾向於建立與保持，而對於自己認爲不值得的人際關係，就傾向於逃避、疏遠或中止。所以，人們往往樂於結交願意爲朋友付出的人，不願結交想佔別人便宜的人。

由此可見，當你眞心爲朋友付出之後，這種付出會形成一種資源存儲起來，不會消失，只要一有機會，必將以某種意想不到的方式回報你。

所以，眞心地與別人往來，讓你在贏得別人尊重的同時，還會得到意想不到的收穫，許多原本棘手的事情，或許就在好朋友們的幫助下搞定了。

誠實信用是成功的好幫手

信用、信義對每個人來說都很重要，在商場上更是如此。以誠相待才能獲得更多信任。

信用是商業社會的通行證，信譽則是商人成功的利器。在生意場上，經營者時時面臨客戶對於自己的能力和經驗的考驗。久經「沙場」的大企業家、大商人能夠成功的原因，除了他們擁有睿智的頭腦之外，還依賴於他們真誠的心意。

美國房地產鉅賈霍爾默先生有一次承接一筆房地產買賣，這個項目著實讓他很煩惱。這塊土地雖然接近火車站，交通便利，但它同時也緊挨著一家木材加工廠，終日充斥著令人難以忍受的噪音。

幾次交易都由於他刻意隱瞞事實而導致洽談失敗。後來，霍爾默先生決定做一次全方位嚴肅、細密的考察。

不久之後，他又找到一位想要購買土地的顧客。這一次他改變洽談方式，開門見山地向顧客說明：「這塊土地交通便利，價格便宜，但它之所以價格較低是因為它緊臨一家木材加工廠，噪音很大。」

霍爾默先生見到顧客一言不發，就繼續說：「如果您能容忍噪音，它將是您最理想的選擇。」

沒過多久，該名顧客在霍爾默帶領下到現場實地考查，結果感到非常滿意。他對霍爾默先生說：「我還以為你特別提到的噪音問題有多嚴重，這種噪音對我來說算不上什麼。我以往住的地方重型卡車整天來來往往，這裡的噪音一天只有幾個小時，總體來說我很滿意。你這個人做生意很實在，不像其他人遇到這種問題往往選擇隱瞞事實，讓我放心許多。」

於是，這項業務便輕鬆成交。霍爾默先生成功的原因在於他沒有隱瞞事實，用誠實的態度贏得了顧客的信賴。

日本企業家小池出身貧寒，二十歲時就在一家機器公司擔任推銷員。

有一段時期，他推銷機器非常順利，不到半個月就與三十三位顧客做成了生意。

但是，在偶然的情況下，他發現他們公司販售的機器價格比其他公司同樣性能的機器貴上許多，他想，如果這個消息被客戶知道了，一定會對他的信用產生懷疑。

於是，小池帶著訂貨單和訂金，逐一找到客戶，然後老老實實地向客戶說明，他所賣的機器比別家的貴，請他們放棄向他購買。

這種以誠相待的做法，深深地打動了每個訂戶，結果三十三個顧客沒有一個人放棄與小池合作，反而更加深了對他的信任和欽佩。

此後，小池誠實待人的事情在業界廣為流傳，前來向他訂貨的客戶絡繹不絕，沒過多久，小池就成了一名成功的推銷員，並獲得了豐厚的經濟收益。

華盛頓曾說過：「一定要信守諾言，不要去做自己能力不及的事情。」

不要爲了譁衆取寵而輕易承諾，要是輕諾寡信，不能如約履行，便很容易失去別人對你的信賴。

信用、信譽對每個人來說都很重要，在商場上更是如此。

戰場上拼的是火力，商場上拼的是信譽，除了具備敏銳的洞察力、睿智的頭腦外，關鍵時候還需要一顆眞誠的心。

注意自己的信譽，對客戶以誠相待，才能獲得更多信任，只要搞定了你的客戶，取得成功自然就不是什麼難事了。

朋友相處，應該寬容互助

讓自己的胸懷寬廣、度量恢宏，學會寬待朋友，不要讓暫時的不愉快影響了本該持續一生的友誼。

與人往來必須要嚴於律己，寬以待人。

嚴於律己，就是要嚴格約束自己，做事儘量減少發生差錯；寬以待人，便是對人寬厚容讓、和氣大度。

處理人際間的複雜關係，不妨寬容一點，千萬不要當成兩軍交戰。

和朋友之間有了嫌隙，也應當設法化解，不必鬧到老死不相往來的地步。這樣，只會讓你失去許多助力。

蘇東坡年輕的時候有一個朋友名為章惇，後來成為宰相，執掌大權。誰知他把持政局時，竟然將蘇東坡發配到嶺南，接著又貶至海南。

後來，蘇東坡遇赦北歸，章惇正好垮台，被放逐到嶺南的雷州半島。

蘇東坡聽到這個消息，寫了封信給章惇，信中說當他聽到這個消息是如何地驚嘆，這麼大把年紀還要浪跡天涯，沉重的心情可想而知，幸好雷州一帶雖然偏遠，但無瘴氣。他同時安慰章惇的老母親，並請章惇不要再提過去的事情，多想想將來。

蘇東坡如此大度，章惇感到羞愧不已，一家人都對蘇東坡心存感激。想化解對立，就必須放下仇恨；有了寬容的心，才能贏得人心。

湯姆由於好友彼得在自己公司的電腦上動了手腳，使他損失了幾十萬美元。儘管湯姆提出告訴讓彼得進了牢房，但是還覺得不夠，幾年過去了，他心中始終憤憤不平。

彼得被保釋出來之後，覺得自己非常對不起湯姆，打了好幾次電話向湯姆道歉，但湯姆一聽是彼得的聲音，不由分說立刻將電話掛斷。

湯姆的妻子知道之後，多次勸他應該寬宏大量，放棄前嫌，而且彼得是個電腦專家，如果與他合作，對於他的事業將有很大的幫助。

湯姆經過幾番深思，覺得妻子說得很有道理，但是每次拿起電話，想要打給彼得時，卻又覺得無話可說，腦海中一直浮現那幾十萬美元，於是又放下電話長嘆一口氣。

兩個多月過去了，湯姆總是處於這種矛盾之中，覺得自己應該原諒彼得，卻又覺得不應該這麼輕易放過他。

於是，湯姆去看了一位心理醫生。

「你心中形成一種心理障礙，這種障礙不僅會妨礙你與彼得的關係，也會妨礙與他人的交往，你必須積極地清除它。」醫生說。

回到家後，湯姆終於鼓起勇氣打電話給彼得，約彼得隔天到公司見面。

第二天，他們見面之後談得很順利，湯姆還決定再次聘用彼得到公司工作，他對彼得說：「我相信你不會再次辜負我。」

從此，彼得全力與湯姆合作，在彼得幫助下，湯姆取得了不錯的成就。

良好的友誼對於雙方都是有益無害的，「破鏡重圓」的友誼透過間接的修補只會比當初更加燦爛。所以，學會寬待朋友，不要讓一時的不愉快影響了本該持續一生的友誼。

一個人不僅要讓自己的胸懷寬廣、度量恢宏，更要注意朋友的自尊。損失了金錢，還可以再賺回來，一旦自尊心受到傷害，就不是那麼容易彌補的，甚至還可能因此爲自己樹立一個敵人。

缺乏體諒就沒人願意幫忙

相互理解能讓友誼更加穩固，也是順利溝通的基礎。唯有尊重他人，對方才會願意與你誠摯往來，讓處事更加順利。

相互體諒是雙方友誼的橋樑。

現代人越來越強調個性，好勝心極強，有時候把事情做得很「絕」，一定要到篤定自己獲得勝利才肯罷手。這麼做雖然爭得了面子或是獲得利益，卻會傷害朋友之間的感情。

其實，每個人的想法、價值觀念和判斷標準都不同，對於事物的看法也就會有很大的差異。有些人認爲習以爲常的東西，有些人卻覺得很奇怪；有的人認爲值得驚奇的事情，有些人卻覺得他們大驚小怪。

因此，一個聰明且有理智的人既應該有自己獨特的見解，更應該設身處地站在他人的立場著想。學會理解人，也就是學會尊重他人，並以寬容、公平、冷靜的心態與他人友好地相處。

詩嫺和文華是同事，也是多年的好朋友，兩人有一個共同的興趣，就是喜歡讀書，但是最近她們卻因為讀書而傷了以往友好的感情。

事情是這樣，詩嫺喜愛三毛的作品，文華卻迷戀金庸的小說。兩個人對此表示不同的見解，這原本是相當普通的事，但詩嫺卻經常對文華冷嘲熱諷，還把金庸的小說抨擊得體無完膚，並力勸文華改變讀書興趣。文華感到很不服氣，於是兩人不歡而散。

詩嫺還與一個不錯的對象交往，兩個人一開始相處得很融洽，但在後來談到對於未來新房的佈置時，又鬧僵了。原因是詩嫺要她的男朋友完全順從她的意見。如果男友表示異議，她就認為對方古怪，不可理喻。

正是由於詩嫺抱著這種不願理解他人的觀念，使她在交友與戀愛上不斷受挫，終於讓自己處於孤立的境地，失去了友誼和愛情。

因為沒有人願意與一個過分挑剔的人為友，也沒有人想要跟一個只顧自己嗜好，而不允許他人保有個人愛好的人結成終身伴侶。

管仲和鮑叔牙的相交，在歷史上稱爲「管鮑之交」、「管鮑遺風」。這段令人稱頌的友誼揭示了許多交友的眞諦，其中最重要的一點就是相互的理解以及人性化的眞誠關愛。

在這個紛紛擾擾的時代，人與人之間充滿著爭執、衝突、競爭、交戰，許多無謂的爭執衝突，都是溝通不良引起的！

不理解他人，把自己的觀點強加於人，要求他人的言行必須與自己的想法一致，這不但是不正確的行爲，也代表了一個人缺乏修養。這種人既交不到朋友，做事也很難獲得成功。

相互理解能讓友誼更加穩固，也是順利溝通的基礎。唯有懂得尊重他人，對方才會願意與你誠摯往來，讓處事更加順利。

熟識過程要把握說話分寸

與陌生人交談時千萬記得要把握說話的分寸，要慎言行事，切忌闖入他人的「禁區」。

與人初次溝通是否成功，對未來能否打開人際關係的大門特別重要。這時，就要講究談話「尺度」，即把握好應對進退的分寸，即使是非常熟識的朋友之間也應該如此。

如果過度觸及對方的隱私，別人就會敬而遠之。

一天，剛進公司的李小姐被派到南部出差。在高鐵上，她碰到一位來華旅遊的澳洲女子瓊斯。

瓊斯很熱情，首先向李小姐打了個招呼，李小姐覺得不跟對方說幾句話似乎不夠友善，於是便以一口流利的英文，大大方方地與瓊斯聊了起來。

李小姐說：「妳今年多大了呢？」

瓊斯答非所問：「妳猜猜看。」

聽到這種不直接答覆的回應，李小姐應該明白對方不願意透露自己的隱私，但「很白」的李小姐卻沒有領悟過來，繼續說道：「到了妳這個年紀，一定已經結婚了吧？」

這一回，瓊斯的反應就相當直接了，她撇過頭去，再也不搭理她了。一直到下車，她們兩個人都沒有再說一句話。

李小姐與瓊斯話不投機，鬧得不歡而散，原因是她在交談當中沒有注意到對方不願意透露個人隱私。

與陌生人交談時，千萬記得要把握說話的分寸，對於一些含糊的言詞不要過分追根究柢，更不應該議論別人的短處。此外，人云亦云、自賣自誇或是過度囉嗦都會讓人對妳產生反感。

與人交流，暢所欲言雖然表現了不拘小節的氣度，但是也要慎言行事，掌握好說話的分寸，切忌闖入他人的「禁區」，別讓對方在你根本沒有機會搞定他之前，就把你列爲拒絕往來戶。

用幽默的態度開拓人生的寬度

善用幽默的技巧，可以幫助我們潤滑人與人之間的關係，化解不必要的衝突。改變生活的態度，就能輕鬆贏得人生的寬度。

人生豈能盡如己意，不如意的事情多了，日子就難過了。但是，日子再難過還是得過，不是嗎？

何不學著以幽默的角度來看待生活中的困境，以輕鬆的態度來面對問題？壓力減輕了，心情自然好，心情變好了，事情說不定也會跟著轉危爲安。

幽默大師林語堂在〈談幽默〉一文裡，曾經這麼說：「現代人把人生看得太嚴重，世界就充滿了苦惱。我們不應該忽略了幽默的重要性，因為幽默感可以改變整個人類文化生活的性質。」

培養幽默感，可以讓我們的生活過得更快樂。從前有過這麼一個故事，故事裡的主角緬伯高就是靠著幽默感來讓自己脫離險境，免去被砍頭的命運。

唐朝時，有一個地方官，偶然得到了一隻稀有的飛禽——天鵝，便派一位名叫緬伯高的心腹送去給皇帝作為貢品。

緬伯高就這麼抱著天鵝往京城出發。走著走著，走到了沔陽湖邊，緬伯高越看越覺得這隻天鵝的毛羽不夠雪白，就打算停下來幫天鵝洗個澡。

只見他小心翼翼地將天鵝放入水中，正要動手幫天鵝把羽毛刷洗乾淨。不料，手才一放，天鵝就振翅飛走了，只飄飄落下一根鵝毛，掉在緬伯高跟前。

緬伯高既沒有辦法捉回天鵝，又不敢違背地方官的命令，只好拿著這根鵝毛來到京城晉見皇帝。他害怕會因此受到皇帝的處罰，於是就編了一首順口溜：

「將鵝貢唐朝，山高路遙遙；沔陽湖失去，倒地哭號號。
上覆唐天子，可饒緬伯高？禮輕情意重，千里送鵝毛。」

大意就是：我經過了萬水千山來向您朝貢，可是到了沔陽湖時天鵝卻飛走了，令我悲痛欲絕；今天特地前來懇求唐朝天子，請您饒了緬伯高。再說，千里送鵝毛，禮物雖輕卻是情意深重。

皇帝收到一根鵝毛為禮，心裡豈會高興到哪裡去？但是聽了緬伯高的說法後又不覺莞爾，便下令饒恕了他。

緬伯高雖然不小心壞了事，但憑著他的機智總算保住了一條性命。他以幽默的話語，調侃自己的遭遇，雖然天鵝沒送成，但至少也達到博君一粲的效果。

莎士比亞曾經這麼說：「誰要是能夠把悲哀一笑置之，悲哀也會減弱它咬人的力量。」

人生總有很多時候難免事與願違，縱使我們再不情願，也無力去改變。例如，老天要下雨颳風淹大水，這些都不是我們能掌握的狀況，除了想辦法將災害降到最低之外，又有什麼方法？

遇到挫折，總會讓人感到難過，對於那些無能爲力的問題狀況，更是讓人既無奈又沮喪。可是，不論我們怎麼預防，挫折還是會出現，失敗還是在所難免。我們當然可以選擇憎恨和埋怨，但那於事無補，不是嗎？如果面對這樣的挫折，能以幽默的態度視之，聳聳肩，笑一笑，事情便似乎不那麼嚴重了。

知名作家米蘭．昆德拉在書中曾經這麼說：「既然生命始終不如人意，那就把它當成是一種玩笑吧！」

能夠笑看人生悲歡離合的人，應該也是心靈最富有的人吧！

日本教育家池田大作說：「幽默是人類情感的自然流露，直接聯結在對方的本性上，可以像潤滑油一樣滋潤人生。」

善用幽默的技巧，可以幫助我們潤滑人與人之間的關係，化解不必要的衝突；改變生活的態度，就能輕鬆贏得人生的寬度。

PART 11.

準確識人，才能遠離小人

人的內心世界是相當複雜的，
僅僅憑外在條件就對一個人下定語，
往往是不可靠的，也是不可取的。

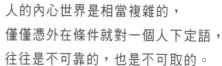

靠技巧讓上司採納建議

向上司貢獻意見的最好方法是避免他人在場，悄悄將自己的意見或建議「移植」到他的心中。

一般上班族，如果有好的建議和計劃，通常會想要貢獻給上司。

但是，在獻策的時候，往往會遇到以下情況——經過自己潛心研究、周密的思考，且確信是極爲合理的計劃和建議，卻未受應有的重視，甚至遭到拒絕，讓人感到非常苦惱。

如何讓上司採納自己的意見？如果沒有一個知人善用的上司，往往會讓自己覺得不得其門而入。

讓我們來看看下面二位秘書，是如何讓上司採納自己的建議。

第一位，是美國第二十八任總統伍德羅．威爾遜的助理豪斯。

威爾遜總統有才能但自負，對別人的意見往往瞧不起，不是不採納就是根本不理睬，這使許多在他身邊工作的人都感到挫敗，覺得任何新的意見都被他毫不留情地拒之門外。

唯獨一個人例外，就是威爾遜的助理豪斯。

豪斯與總統工作時有一件事讓他領略到，要向這位總統貢獻意見的最好方法是避免他人在場，悄悄將自己的意見或建議「移植」到總統的心中。一開始使總統不知不覺地感興趣，然後，設法使這意見或建議變為總統的「創意」公諸於眾。

原來，有一次，威爾遜總統單獨召見了豪斯。明知總統不容易接納別人的建議，但他還是盡己所能，清楚明瞭地陳述了一項政治方案。

這個建議經過苦心研究所得，而且相當切實可行，所以豪斯在陳述時理直氣壯。然而他的理直氣壯並未打動總統的心，得到的是與其他同事一樣的命運。

威爾遜聽完後，當即表示：「這樣吧！當我願意再聽一次廢話的時候，我會再請你光臨。」

但數天之後的一次宴會上，豪斯很吃驚地聽到，威爾遜總統正在把他數天前的建議作為自己的見解公開發表。

善於觀察的豪斯，便由此得出向自負的威爾遜總統貢獻意見或建議，並得到採納的最好辦法，他稱之為「種子移植法」。

他說：「我不願意說那些計劃是我的。我的計劃充其量只是一顆種子，要長成大樹，必須要有土壤、水分、空氣和陽光，只有總統才有這些條件，把樹種變成大樹。公平地說，我只不過把種子移植到總統的心中。」

在威爾遜執政期間，豪斯都採用這種簡單有效的「種子移植」策略，並普遍得到了採納。

例如，一九一四年春季，豪斯奉命趕赴法國進行外交接洽。

臨行前，他將自己的計劃向威爾遜總統做了報告，原則上得到了總統的同意，但態度相當謹慎，距離被正式批准尚遙遙無期。

豪斯抵達巴黎後不久，就寄回他和法國外長的談話記錄。在談話中，豪斯將自己想的計劃說成「總統的創見」，並得到法國外長的熱烈讚揚。結果正如豪斯所料，看完記錄，威爾遜總統毫不猶豫地批准。計劃的實施對兩個國家都帶來了巨大的利益，豪斯爲自己發揮的作用由衷感到高興，同時威爾遜總統也更加欣賞豪斯，對他更加器重。

這就是豪斯的「種子移植」效應。

下面再來看看，曾一度當上蘇聯第二次世界大戰大本營的總參謀長，華西里也夫斯基的例子。

在第二次世界大戰中，蘇聯最高領導人的史達林由於過度強調自我，難以接受別人的意見。

「唯我獨尊」的個性，使他不允許世界上有人比自己更高明。

但是，他卻在不知不覺中，採納了華西里也夫斯基提出的正確計劃，進而發揮傑出的作用。

在史達林的辦公室裡與史達林的「閒聊」當中，華西里也夫斯基往往「不經意」地「隨便」談到軍事問題，既不慎重其事，也不頭頭是道。

奇妙之處就在這裡，華西里也夫斯基剛走，史達林便會想出一個好的計劃，而且不久便在會議上發表。

大家都驚訝史達林的「深謀遠慮」，紛紛稱讚，史達林自然十分高興。

華西里也夫斯基則和大家一樣表現出驚奇，好像從來沒有聽說過這個計劃，並且和衆人一起表示折服。

在軍事會議上進言，華西里也夫斯基的方法更讓人啼笑皆非。

因爲華西里也夫斯基的座位通常很靠近史達林，所以他在講話之時，不但口齒不清，用詞不當，前後無條理，連聲音也不清晰，好像只小聲說給史達林一個人聽似的。

而且他總是先講幾項正確的意見，之後再畫蛇添足地講幾項錯誤的意見。在講正確意見時，他的聲音細小如蚊，只有史達林聽得見；講到錯誤的意見，卻條理清楚、聲音洪亮且振振有詞，讓錯誤意見的荒謬性昭然若揭。

等到史達林定奪時，當然是先毫不留情地批評他的錯誤意見，往往是痛快淋漓。接著，史達林再逐條逐句、清楚明白地闡述自己的決策，這決策實際上正是華西里也夫斯基那段含糊不清的幾點正確意見。

就這樣，「受虐狂」華西里也夫斯基每次被痛斥一頓之後，意見就成功移植到了史達林心裡，變成了史達林的意見並付諸實施。

從豪斯和華西里也夫斯基的妙招中，我們不難看出他們懂得在不計個人得失的前提之下，仔細觀察揣摩上司的心理，以有效的方法讓上司採納並實施自己的建議，不僅打好與上司的人際關係，也做出很大的貢獻。

坦誠，讓上司更信任

學著「壞話好説」，圓融人際關係，是下屬必修的一堂課。除了平時在工作上協助上司之外，適地阻止上司犯錯，也是應盡的職責。

想與上司保持好的關係，首先要摸清他的性情。

生活在激烈競爭的時代，應謹慎行事，如此遇到事情均可迎刃而解。

作爲下屬，更應該了解上司的性格特點及爲人處事的方式，如此才能夠協調雙方的關係。只要細心、認眞地觀察分析，一定可以很快發現上司的特點，採取相應的措施來應對，好好地相處，更有效地做好工作。

以下簡略地介紹幾種常見的上司特徵：

・極權型的上司

這類型的上司，除了對於下屬的工作一一過問，甚至連私事也不放過。任何事都想插手，可以說將你當成他的私人財產，這不准，那不准，不准跟其他部門的同事來往，不准閒暇時間和同事閒聊，意見極多。

對於這樣的上司，首先要堅持自己的原則，完成工作以後的時間應該完全由自己支配；平時和同事交往要以不影響工作爲標準。高明的做法，是和同事們一起爭取適度的自由和主動權。

如果上司問及，可以據實相告，姿態閃躲、言詞閃爍、反而會讓上司誤以爲你做了什麼壞事，更加起疑。

坦誠相待才能好好相處，切忌在上司背後說三道四，以免留下後遺症。

・自身不正的上司

有些上司律己不嚴，還牽連下屬，例如上司不鎮守崗位，致使一些文件未能及時批閱，背黑鍋的往往是下屬。

遇到這類上司，不論用何種方式，如何「建言」都對己不利，所以最好儘量詳細地記錄上司不在時發生的事和找他的電話，等他出現立刻逐一報告，讓他立刻著手進行工作，以免延誤。

‧公私不分的上司

這類上司比較多，他們往往喜歡玩弄手中的職權，讓下屬幫忙做私事。

對於這類上司，最好是在不影響前途的前提下，婉轉拒絕。一而再，再而三，久了他便會知難而退。

‧完美主義型的上司

雖然追求完美是人的天性，但若遇到性格刁鑽的上司，一定要注重小細節，做事保持認真謹慎，儘量避免犯錯。

此外，應盡可能讓上司信任。一旦對你產生了信賴感，這類上司就不會把芝麻小事放在心上。

戰國時，齊景公的馬夫養死了馬，景公大怒，想殺了馬夫洩恨。晏子立刻阻擋說：「這樣他死了也不知罪，先讓我把他罪在何處告訴他，讓他死得心服口服。」景公答應了。

晏子開始數落馬夫道：「你為陛下養馬卻失職，死罪一！你使陛下因馬而殺人，死罪二！你使陛下因馬殺人的名聲傳遍天下，死罪三！」

景公頓悟，馬上阻止：「快放了他，不能因他而壞了我的仁德之名。」

晏子的話都是反語，結果當然完全相反。表面上闡述馬夫殺馬之罪，實際上是爲馬夫開脫罪責，使齊景公心中有愧，從善如流。

機智的晏子從反面說明了此事如此處理的嚴重後果，使景公恍然大悟，既不失顏面，又救了馬夫一命，可謂一箭雙雕，這番表現，自然讓景公日後對他更是信任有加。

學著「壞話好說」，圓融人際關係，是下屬必修的一堂課。除了平時在工作上協助上司之外，適地阻止上司犯錯，也是應盡的職責。

懂幽默，沒有難關不能過

如果能在工作中，恰如其分地運用幽默的語言與他人溝通，那麼還有什麼問題不能迎刃而解呢？

如果想將協調工作做好，在社交中如魚得水，就必須善用好的談吐及得當的幽默。它們宛如潤滑劑，使社交暢通無阻。

一板一眼的人在他人的眼中毫無魅力可言，幽默可以讓人擁有更多朋友，使事業如同行雲流水般舒展。

英國演說家迪克．史密西斯，有一回企圖說服電力供應業的董事長們聯合起來，成立更大、更有效率的部門。

他事先已經知道與會者對此不屑一顧，所以一開始便說：「今天在黎明前，我離開威靈頓的家。到達機場時四周仍一片漆黑，機場上竟沒有其他旅客。驗過票後我進入走廊，此時我感到迷惑，因為我看不到其他旅客。登上手扶梯，走進空蕩蕩的機艙裡坐了下來，我開始感到奇怪，是不是哪裡出了差錯？」

「不一會兒，一位空中小姐出現。『旅客們都在哪兒？』我問道。她聳了聳肩說：『全在這了。』於是我孤零零地坐在那兒，暗自想道：『我知道我不受歡迎，但也不至於這樣……』」

董事長們一下子被這段引言逗笑了。接著，他又就自己不受歡迎這件事大作文章，直到聽眾無拘無束地鬆懈下來。

很顯然，剛才的一番話他消除了聽眾的反抗心理。

名作家吉卜林在向英國一個政治團體發表演講時，竟引得全場聽眾捧腹大笑，他說：「各位女士先生們，我年輕時曾在印度當記者，專門替一家報社報導犯罪新聞。這是很有趣的一項工作，因爲它讓我認識了一些騙子、詐欺犯、謀殺犯，以及一些極有進取心的正人君子。」

「有時候，我報導了他們被審的經過之後，會去監獄看看這些正在服刑的老朋友。我記得有一個人因爲謀殺而被判無期徒刑，他是位聰明、說話溫和有條理的人，他告訴我一段『生活的教訓』，他說：『以我本人作例子：一個人一旦做了不誠實的事就難以自拔，一件接著一件不誠實的事一直做下去。直到最後，他會發現，必須將某人除掉才能使自己恢復正直。』唉！目前的內閣正是這種情況。」

這番話讓聽眾們大笑起來。

吉卜林玩笑性地圍繞著準備進入的政治話題，渲染一些近乎怪誕的趣事，藉此進一步建立起自己的溝通點。

如果能夠在工作中恰如其分地運用幽默的語言與他人溝通，達成共識，那麼還有什麼問題不能迎刃而解呢？

以上的故事，就是最好的明證。

準確識人，才能遠離小人

人的內心世界是相當複雜的，僅僅憑外在條件就對一個人下定語，往往是不可靠的，也是不可取的。

與不相識的人初次見面時，對方的外貌（包括長相如何、風度怎樣等等）似乎就決定了第一印象的好壞。

然而，不管他人留給我們的第一印象如何深刻，要想眞正認識一個人，不能只停留在第一印象上，這只是對一個人認識的起點，絕不是終點。畢竟它是建立在資訊不足、尤其是反映內在本質資訊不足的基礎上，相當具表面性和片面性，有時還會有些虛假。它也常常受到我們的生活經驗、個人的好惡傾向所左右，所以應該努力看得更深刻一點。

以下是識人十大法則，值得我們用心熟記：

・切莫「先入為主」

第一印象基本上是由直覺發出的，對此不能不信，也不能全信。直覺是最純淨、最不被掩飾的，但是它往往也是最簡單、最膚淺的。因此，不要光憑直覺待人處事，除非受過專業的訓練，已達到老練的偵探或者淵博的心理學家一般的水準，否則太依賴直覺相當危險。

記住，全然聽信「第一印象」是幼稚的，甚至可能帶來危險。

最適當的做法是加以驗證，如果後來所觀察到的事實與第一印象不符，就應尊重事實，去除先入之見。

不了解事實眞相，就不可能明智地思考問題。有些人不逃避思考，可是在分析問題時，總喜歡像獵犬追捕獵物似地，一個勁地捕捉那些足以說明自己先入爲主觀點的事實，對其他情況不屑一顧，因而更加盲目。

人們常根據聽到或知道的、關於他人的情況，在見面之前就對別人做出評價，無視自己的判斷能力，一味信任自己的直覺。先入之見使人無法發揮眞正的洞察力，必須努力克服。克服先入爲主的最好方法，是把感情和事實嚴格區分開來，努力做到對事實客觀、公正，給予全面的分析判斷。

・學會站在對方的角度看問題

有時候，我們常常百思不得其解，想著：「這個人爲什麼會這樣呢？」

其實，只要在內心假設，處在相同的位置和情況，你會怎樣做，就會明白對方的行爲了。

你也許會發覺，自己也不得不做出同樣的決定，甚至表現還更差。

「設身處地」，不僅有益於經營人與人之間的關係，也是了解別人最簡單的一個方法。以下，是一個常見的例子：

老李當小職員時，常常在背後議論科長無能，「連一件小事也要考慮再三」、「優柔寡斷」，宣稱如果有朝一日自己能「掌權執政」將如何如何，大有一番扭轉乾坤的氣勢。

不久，老李果然「如願以償」，結果業績也不過爾爾。

對此，他深有感觸地說：「看人挑擔不吃力。現在才知道辦一件事是多麼難啊！看來前任科長並非優柔寡斷，而實在是身不由己，在那樣的情況下還做了許多事，他真是不簡單啊！」

將心比心，設身處地，有助於更加深入地認識一個人。

‧保持適當的距離

要深入了解一個人，就應該長時間與他接觸。但是，這又會造成習慣上的盲點，有許多問題反而難以覺察，因爲「臉挨著臉，就看不見臉」。

心理學研究說明，人與人之間恰如其分且正確的理解，無需經過長期的、過分親密的熟悉。若要更準確地使人們相互理解，必須透過最適合的時間和適度的密切程度，兩者相互依存。

長時期過於密切的相處，很可能歪曲相互理解的準確性，憑空抹上許多色彩，或過於高估對方。

從這個意義上，可以說「熟知並非眞知」。

在與一個人結識的時間不過長、關係不過密時，頭腦最冷靜客觀，對於正確地認識此人是最適合的。

・不妨進行大膽猜測

要認識、判斷一個人，不妨先根據此人留給我們的最初形象進行分類，然後再透過實際生活中逐步且有意識地觀察，看看是否符合假設。

如果全部符合，此人就是我們原來假定的那種人；如果全部不符合，此人就是另外一種類型的人；如果部分符合、部分不符合，此人就是具有某種類型的人所具有的某些特徵，但不完全，一般以這種情況最多見。

大數學家高斯曾說過：「如果沒有某種大膽放肆的猜測，是不可能得到知識進展的。」現實生活也是這樣。

當然，運用這種方法，首要條件是自身已具備了識人的豐富知識，還應注意不要用先入爲主的框架套人。分類是必要的，但更重要的是與事實是否相符。靈活，而不要偏執、死板。記住，一切僅僅是假設。

‧用比較的方法認識人

比較，是我們認識周圍世界並思考問題的一個重要方法；比較，在日常生活中隨處可見。

我們不也時常這麼說：「老張家的兩個兒子長得挺相像，可是老大老實，老二滑頭」、「老李的兩個女兒都長得清秀，不過小女兒比大女兒更漂亮」。說某人聰明、漂亮、高尚，或者愚蠢、難看、卑劣，都是和別人對比。

比較是普遍的心理狀態，問題在於怎麼比才正確，才會收到良好的效果。「橫看成嶺側成峰，遠近高低各不同」，如果只有橫向視野，沒有縱向視野，或者只看近不看遠，就會由此產生各種錯覺、猜疑和誤會，造成困擾。

比較，是認識一個人的好方法，它對於認識人，分辨出人們之間的微小差異有很大幫助，但必須慎用。

•克服偏見，理性識人

正確地認識一個人之所以極其困難複雜，主要原因就在於感情對理性的干擾和影響，使我們常常迷失方向，走向歧路。

當我們認定某人是好人，他的一切就都變成好的了；當我們認定某人是壞人，一切就又都變成壞的了，甚至連對方以前做的好事也說成是「別有企圖」。感情，統治著人的內心，神秘且無所不在，有時甚至讓人覺得可怕。

培根說：「情感以無數的、而且有時根本覺察不到的方式，來渲染並感染人的理智。」

《聖經》中也說，當一個人情感激動時，「雖有耳朵，卻聽不見」。

每個人都有自己的偏見，可能是認識上的侷限，或感情上的偏愛。人們不會輕易就達到互相了解，即使有最美好的意願和最善良的目的，更何況惡意會把一切都破壞無遺，當偏見蒙住了人的眼睛，想要去除是相當艱難的。無論是證據、常識還是理性，都敵不過偏見的傷害。

只有跳出感情的圈子，擺脫利益的束縛，心平氣和地觀察、了解一個人，才會有更清楚的認識。

・看看他周圍的人

認識一個人還有一個很簡便的方法，只要看看環繞著這個人的經常是些什麼人，大概就行了。

「物以類聚，人以群分」，人們總是喜歡志趣相投的人，也總是喜歡與自己相似的人。一個安靜、樂於思考、性格內向的人，一般不會願意與大吵大嚷、輕浮、外向的人交往；一個行爲主動、辦事沉著的人，一般不會喜歡結交行爲被動消極或辦事急躁慌張的朋友。

當然由於各種原因，有時人們會結交與自己截然相反或者反差很大的人，但大多數情況下，眞正打從內心喜歡的還是和自己相似的人。

長期的、穩定密切的相互聯繫，會使交往雙方在某些行爲準則、性格特點、價值定向上變得相近或者相同，所以說「近朱者赤，近墨者黑」。

‧以貌取人要不得

長期以來人們形成了一種觀念：好人必定身高體壯、眉清目秀；壞人總是猥瑣、獐頭鼠目的樣子。

其實，人的相貌好壞，與內在素質的優劣，並非都成正比。據說聖人孔子滿臉是毛，簡直像個惡鬼；周公又瘦又小，像乾枯的樹樁，但他們都功業卓著，名垂千古，使後人仰慕不已。而桀和紂，儘管長得英俊高大，是當時天下有名的美男子，結果卻導致身死國亡，遺臭萬年。

‧獨立的思考很重要

傾聽別人的意見固然很重要，但聽過之後，自己還要再思考。當確信自己的觀察、認識正確後，就絕不可輕易被別人的言論左右，即使一百個人當中有九十九個人唱反調，也要堅持下去。

不過，要注意的是，不要被偏見、成見束縛而固執己見。如何把握好分寸，全在於自己是否冷靜、公正、客觀。尤其是年輕人，因為思想依賴性大，往往容易懷疑自己的直觀感覺，又容易受到外來意識的影響，輕易地動搖原先正確的判斷和見解。

如果他人的意見是像數學定律那樣清清楚楚的東西，自然還可作另論，但不管怎樣，也是從別人的角度觀察的，仍舊帶有一定的片面性和表面性，而且還常常染上投其所好、看當事人的心情等感情色彩。

如果將各種人的評價標準、鑑定意見加以比較，那麼不難看出，不同的人有著不同的評價標準，有些甚至是缺乏科學根據的臆測。

因此，成見不可有，定見不可無。

應記住，眼睛比耳朵更可靠，但是如果不能用頭腦進行認眞的思考，那麼，眼睛看得再多，耳朵聽得再多，也毫無益處。

・不要做極端的判斷

曾有位哲人這樣寫道：「人，乃是宇宙間最錯綜、最完全的生物，結憐憫、友善、堅韌、頑強、智慧、高尚於一身；集自尊、自私、懶散、貪婪、愚昧、卑俗於一體。」

確實，一個人的性格是多方面的，儘管時常因一個側面的突出掩飾了其他的側面的存在。因此，不要做極端的判斷。作爲社會人，心靈世界是極其複雜、極其豐富的，不可能只有單一顏色。

高爾基在他的長篇小說《三人》裡，曾經借主人公伊利亞的口說過這樣的話：「如果一個人是壞的，也還有好的地方；如果一個人是好的，也還有壞的地方。我們的靈魂是多色的，隨便什麼人都是如此。」

確實如此，只有在實踐中考驗、識別一個人才是最可靠的，能減少判斷失誤，找出身邊眞的小人。

僅僅憑外在條件就對一個人下定語，往往不可靠也不可取。

透過假象也能看出真相

用人者不要被假象迷惑，透過現象看本質，才能發現具有真才實學之人，不會被魚目混珠，找不到真正的寶。

在這個人人都想出頭的年代，人往往會處心積慮地塑造自己，試圖以完美的形象與表現出現在公眾面前，讓人無法立即透視。但是，不管再怎麼會製造假象，只要仔細觀察，就能了解眞相。

以下幾種人，即便不是「小人」仍需加以防範：

・華而不實的人

這種人口齒伶俐、能說善道、口若懸河、滔滔不絕。初接觸，很容易留給人良好印象，將他當做一個知識豐富、又善表達的人才看待。但是，須要分辨他是不是華而不實。華而不實、巧於詞令者，能將許多時髦理論掛在嘴上，迷惑識辨力差、知識不豐富的人。

三國鼎立時，北方青州一個叫隱蕃的人逃到東吳，對孫權講了一大堆漂亮的話，對時局政事也做了分析，辭色嚴謹正然。

孫權為他的才華動心，問陪坐的胡綜：「如何？」

胡綜回答：「他的話，大處有東方朔的滑稽，巧捷詭辯有點像禰衡，但才不如二人。」

孫權又問：「當什麼職務呢？」

又答：「不能治民，派小官試試。」

考慮到隱蕃大講刑獄之道，於是派到刑部任職。左將軍朱據等人都說隱蕃有王佐之才，為他的大材小用叫屈，因此隱蕃門前車馬如雲，賓客盈門。到後來，隱蕃作亂於東吳，事發逃走，被捉回而誅，才證明確為小人。

可見對似是而非之人的辨識的確不易。

・不懂裝懂的人

不懂裝懂的人在生活中著實不少，尤其以成年之後爲甚，這完全是因爲愛面子、怕人嘲笑的緣故。

不懂裝懂的人是可怕的，會因此給企業帶來許多損失，尤其是技術上的。還有一類不懂裝懂的人是爲了迎合討好某人，這種情況，有的是違心而爲，在特殊場合下不得不如此，有的則是拍馬屁，一味奉承。

・濫竽充數的人

這一類人有一定的生活經驗，知道如何明哲保身，維護個人形象。總是在別人後面發言，講前面的人早講過的觀點和意見。如果整合得巧妙，也是一種藝術，使人不能覺察濫竽充數的本質，反而當做精闢見解。

這種人往往有他的難處，如南郭先生一樣，是爲了混一口好飯吃。如果沒有其他壞心思，倒也不礙大事，否則趁早炒魷魚，或加以疏遠爲妙。

• 避實就虛的人

這一類人多少有一點才幹，但總嫌不足，只好用一些旁門左道的辦法坐到某個職位上去。當面對實質性的挑戰時，比如現場提問，因無力應付，通常圓滑地採用避實就虛的技巧處理。

按理說這也是一門本事，當副手也還無大礙，但需以小心爲前提，否則他會悄悄地捅出一個無法彌補的大紕漏來。

• 鸚鵡學舌的人

自己沒有什麼獨到見解和思想，但善於吸收別人的精華，轉過身來就對其他人宣揚，也不講明是聽來的，不知情的人自然會把他當高人看待。

這種行爲，說嚴重一點，是剽竊，因不負法律責任（如果以文字的形式出現，則性質比言論要重得多），因而大行其道。雖然沒什麼實際才幹，但模仿能力強，未嘗不是一種長處，可加以利用。

•固執己見的人

不肯服輸，不論有理無理都是一個樣，這類理不直但氣很壯的人，生活中處處可見。對待他們，一個較好的辦法是敬而禮之，不予爭論。如果事關重大，則需設法加以說服。

首先應分析他固執的原因：本來賢明而一時糊塗者，只要以理說之，並據理力爭，堅持到底，多半能說服；私心太重而沉迷不醒者，則用迂迴曲折之道，半探半究地講到他心坎上去；實在是個糊塗蟲，不可理喻，頑固不化者，就動用權力強迫他接受。

世間有許多假象，人身上也有許多似是而非的東西，看似優點，實則爲致命的缺點。用人者不要被假象迷惑，透過現象看本質，才能發現具有眞才實學之人，不會被魚目混珠，找不到眞正的寶。

以正確態度和上司相處

不要對上司的挑剔或刁難太計較，能過去就過去，應該把自己的工作放在最重要的位置。

就像同事各有不同個性，上司的風格也完全不同，必須加以摸清。

・怎樣與聽信讒言的上司相處

如果你的上司是一個愛聽信讒言的人，那實在是你的一大不幸。爲了避免和上司發生衝突，並使他明白你是受到了讒言的陷害，可以這樣做：

第一，運用技巧破除讒言的虛假，爲自己洗刷清白。有人向上司進讒誣陷你，偏偏上司又聽信了讒言，這種情況對你極爲不利。此時應拿出勇氣，以積極的態度迎戰，運用技巧揭穿事情眞相，還自己一個清白。

第二，面對上司突然的冷淡疏遠，或在會議上不點名、暗示性地批評，甚至故意製造工作中的矛盾爲難、制裁，應當拿出勇氣主動找上司談一談，問清緣由，說明眞實情況。

凡事如果拿到檯面上，公開地、坦率地說清楚，往往會收到較好的效果。迴避的態度、忍氣吞聲的做法，只會使眞相籠罩在一層迷霧中，加深上司對你的誤解，加大雙方的隔閡。所以應當敢於正視面臨的困境，並努力想辦法擺脫被動局面。

第三，化被動爲主動。如果確切無疑地知道了是誰在背後進讒言陷害你，可以在上司沒找你之前先找到他，把一切實情坦然相告，這樣就可以化被動爲主動。另外，爲了制止進讒者繼續造謠生事，應當再凜然正色地找到這位當事人，以暗示性的口吻給予必要警告。

這類人往往心虛，你一找他，他就明白了。他們都慣於背後搞鬼，所以也不願公開撕破臉，不願發生使雙方都難堪的正面衝突。如果對方是個非常潑悍無禮的小人，則最好避免與他正面打交道，而是策略性地把話說給親朋好友知悉，讓他們轉告，間接制止他的惡劣行徑。

・怎樣與愛挑剔的上司相處

碰到愛挑剔的上司是最令人頭痛的事了，由於他的存在，你常常會處於不自信的狀態之中，因爲他總是打擊你的情緒。比如，你明明是完全按照他的吩咐去處理一件事，過後他又指責你辦事不妥。

公文內容和格式是他告訴你的，等你拿給他簽字時卻又說應該重做；你從事的是專業性很強的工作，可對專業知識一知半解的上司偏偏覺得不放心，如此這般的例子還能舉出很多。

在挑剔的上司手下工作，會覺得自己渾身上下的汗毛都是豎著長的，左右都不是，怎麼做都讓他看不慣。

不管怎麼說，碰到愛挑剔的上司，對下屬而言總是不利。那麼，該怎麼辦呢？以下幾招不妨一試：

1. 弄清上司的意圖

當上司交給你一項任務時，應該問清楚他的要求、工作性質、最後完成的期限等等，避免彼此產生誤解。

2. 設法獲取上司的信任

假如上司處處刁難，可能是擔心你將來會取代他的位置。這時，你應該盡自己最大的努力使他安心，讓他明白你是一個忠誠的下屬。

你可以主動定時向他報告工作狀況，讓上司完全了解並掌握。一旦獲得他的信任，便不會對你提出不合理的過分要求。

3. 正視問題

不要迴避問題，尊重自己的人格，不卑不亢。正視問題，嘗試與上司相處，針對事情而不是針對個人。上司無理取鬧的時候，你應該據理力爭，抱著「錯了我承認，不是我的錯而要我承認，恕難照辦」的態度，論理而不是吵架，讓他感覺到你的思想、人格，以及堅持。

一個言行一致、處事有原則的人，自然不會被小看，就算老闆也不例外。

4. 別太計較

不要對上司的挑剔或刁難太計較，能過去就過去，應該把自己的工作放在最重要的位置。好老闆是可遇而不可求的，如果眼前的這份工作能滿足你的要求，比如豐厚的薪水、舒適的工作環境等，就不要輕易放棄。

如果你非常熱愛自己的工作，想好好做出一番成績，那就儘量不要把老闆的人品與鍾愛的事業同日而語。

・怎樣與自私的上司相處

自私的上司常常只考慮個人的利益，從不站在集體的立場上考慮問題，更不會替下屬著想。爲了滿足個人的利益，可以置團體或下屬於不顧，甚至不惜犧牲他們的權益。

在與自私的上司相處時應該注意：

1. 潔身自好

不能爲虎作倀，同流合污，因爲這種自私的人什麼事都做得出，他可能把得到的私利分你一半，但在引起衆怒時，也會把你拋出去當代罪羔羊。

2.用沉默表示抗議

如果他的所作所爲實在過分，可用沉默表示無言的抗議。聰明的上司會領會下屬沉默的含意，並稍作檢討。

3.有原則地代上司受過

身爲下屬絕不要輕易代上司受過，如十分重要的惡性事故，造成重大經濟損失或政治影響的事故，以及一些已經觸犯到法律的行爲。在這些情況下，如果你仍然爲顧全上司的面子做掩飾，甚至把責任攬到自己頭上，後果是不堪設想的，只會害了你自己。

・怎樣與陰險的上司相處

這樣的人做了你的上司，可真是你的人生不幸，稍有不慎，就有可能成爲他的報復對象。與這樣的上司相處，只有兢兢業業，一切唯上司的馬首是瞻，賣盡你的力，隱藏你的智。賣力易得他的歡心，隱智易使他輕你，輕你自不會防你，也就不會害你。

如此一來，或許倒可以相安無事。

這種地方原本就不是久居之所，如果希望在事業上有所表現，勸你還是從速做遠走高飛的打算。

‧怎樣與傲慢的上司相處

一些人之所以顯得傲慢，不可一世，是因爲具有別人無法攀比的優越條件，或者高人一等的才智。傲慢者最容易刺傷別人的自尊心，很讓人反感。

如果你的上司是這種人物，與其取寵獻媚，自侮人格，倒不如謹守崗位。這樣，他人雖然傲慢，但爲自己的事業考慮，也不能專用那些食利的小人，完全摒棄求功的君子。一有機會，你就該表現出自己獨特的本領，只要確實是個人才，不愁他不對你另眼相看。

‧怎樣與頑劣貪婪的上司相處

頑劣貪婪的上司私欲太重，就像一個永遠也塡不滿的無底洞，貪欲沒有止境。這些人，慷公家之慨，中飽私囊，是社會的一大蛀蟲。

遇到這樣的上司，該如何對待呢？

1. 按原則辦事

堅持原則，照章辦事，是工作人員應該遵守的紀律。不要因爲他曾經栽培、提攜過你，爲感恩戴德，就放棄原則，同流合污。

如果貪婪的上司想以巧立名目、偷樑換柱的方式滿足私欲，可用「不好報帳」、「財務檢查不好過關」、「審計太嚴格」等藉口予以搪塞和回絕。使他感到你「不好對付」、「不給面子」、「太死板僵化」、「難以打開缺口」。屢次碰壁後，就可能有所收斂。

當然，這樣做要頂著極大的壓力，冒著遭受打擊排斥的風險。但如果應允了，就會越陷越深，後果不堪設想。所以，要有勇氣頂住壓力，堅持原則，堅信「多行不義必自斃」這個亙古不變的眞理。

2.多留個心眼

如果迫於上司的壓力，不得不按照他的意思去辦，自己要多留個心眼，把一些可疑之處悄悄用本子記下來，待其事態敗露，立即交出作爲證據。如果掌握了上司貪贓枉法的確鑿證據，可採取匿名的方式，向有關部門打電話或寫信舉報，這是自保的最好方法。

適度的表現和自我保護，才能拿捏出和上司相處的最適切尺度。

如何應付小人的招數？

很多事情並不如表面那樣簡單，背後可能有不可告人的目的，精明的人必須處處提防陷阱，小心被自己的同事暗算。

你是否有過以下的經驗？一天，一位與你熟稔的同事提出建議，一起合作幫助上司整理歷年來的開會資料記錄，雖然此舉會增加工作負擔，卻不失爲一個表現的好機會，可以博取升職與加薪。

你對於這樣的提議大表歡迎，甘願每天加班完成額外的工作，甚至沒有發出絲毫怨言。可是，你怎樣也想不到，對方竟然把全部功勞歸爲己有，在上司面前邀功，結果只有他獲得上司的提拔，你又驚又怒，卻已無濟於事。

爲免日後再次被有心人所利用，你應該怎樣應付呢？

一、常言道「害人之心不可有，防人之心不可無」。如果有一位同事，提議與你一起完成額外的工作，你可以接受，但應當把各人負責完成的部分清楚記錄下來，留待日後作爲參考。

二、假如有人替你戴高帽，稱讚你的工作能力如何驚人，無非想讓你助他完成工作，不要被對方的甜言蜜語所動。教導他如何處理難題就好，無須由你親自動手幫助他完成。

三、若你對於同事的行爲與企圖有所懷疑，可以直接找上司談一談，避免徒勞無功，反受其害。

四、同事始終是同事，並非你最好的朋友，應該與對方保持一定距離。

當你發現某同事原來一直在利用自己，定是怒不可遏，恨不得立刻拆穿他的西洋鏡。但你應該明白，衝動行事肯定不會有好結果。

如此說來，應該採取怎樣的態度呢？

有位同事經常公開讚揚你的工作表現，表示對你的辦事能力欽佩不已，後來知道原來他另有目的，就是要把你踩在腳下，繼而徹底拔除掉。

不肯被此人繼續利用下去，就要有所行動了，最重要的是保持自己的清白和精明的形象。因爲長此下去，容易遭人誤會，以爲你與這同事其實是站在同一陣線的同伴。

當對方再次故意公開讚揚你，不妨中斷他的話。你可以這樣道：「其實這個任務不是由我負責的，是整個團隊的合作才能順利完成的。」

既讓他無可奈何，又對工作小組表明了心跡，情況必定可以改善。

某你因公事與某同事一起出差，對方突然問你：「你跟夥伴間似乎有很大的問題存在，你如何面對呢？」

天地良心，你一直覺得與夥伴相處融洽，公事上大家都很合作，私人間也是客客氣氣的，何來問題呢？霎時間，你必定感到被當頭澆了一盆冷水。

此時應當冷靜一點，世事難料，這當中可能發生了不少問題，有直接的，有間接的，難以一概而論。

表面上，你必須表現得落落大方，微笑一下，反問對方：「你看到了什麼？」或者「你聽到了什麼？」

對方必然是支吾以對，你可以繼續說下去：「我們一直相處得好好的，我從不察覺到有什麼問題，也不曾因公事發生過不愉快事件！」

這個說法，可收連敲帶打之效。

若對方是有心挑撥，或試圖獲取情報，如此一番話回應就沒有半點線索可讓他查到，間接地還拆穿了他。

不過，很多事情並不如表面那樣簡單，背後可能有不可告人的目的，精明的人必須處處提防陷阱，小心被自己的同事暗算。

莫讓小人的伎倆蒙蔽了目光

騙子騙人要掩蓋自己騙人的真面目，總是以某種假象出現。如果一個人先增強防騙意識，再具有必要的防騙能力，是可以防止受騙的。

人是最擅長偽裝的動物，現實生活中道貌岸然的小人很多，如果你不想老是受他們宰割，那麼就得放聰明一點，才不會老是受騙上當。

行騙者與受騙者，是對立卻並行的存在。世上沒有行騙者，怎會有受騙者？沒有受騙者，行騙者也沒有立足之地。

巴爾札克曾說過：「傻瓜旁邊必定有騙子。」這話並不一定說凡受騙的都是傻子，但卻講出了行騙者被騙者之間的辯證關係。

人們之所以受騙，總有受騙的原因，或者說，之所以受騙，是由於不具備必要的防騙能力。

要想不受騙，就必須提高自身的防騙能力。眞能夠避免受騙嗎？答案是肯定的。

個人只要具有一定的防騙能力，就可以防止受騙，或者說可以減少受騙，避免受大騙、釀成大禍。

地產業在香港算得上是最大的交易，因此狀況層出不窮。

有一次，某金融公司從中國大陸到香港與一位大廈賣主接觸，一開始整棟樓的開價是一．七八億港元，某金融公司認為偏高，沒有答應。

經過幾次洽淡，雙方各持己見，於是商定第二天下午繼續談判。

次日，他們在一間會客室商談。忽然有幾個大亨打扮的人走進來，神秘地與樓房賣主說話，雖然聲音壓得很低，但仍可以聽見對話內容，請賣主將樓房價格升到一．八億元成交。

賣主將來人打發走之後，對某金融公司代表說：「剛才說的話，你們可能聽到了，他們開價一・八億我都不答應，給你們一・七八億，這是考慮你們同是中國人，我們應多少表示點愛國心。」

因為某金融公司早聽說有買樓房被詐騙之事，所以看到港方的行動，仍不為所動，堅持不讓步。

經事後了解，那幾個大亨，原來是賣主一方的人假扮。這是他們設的一計，以此誘騙某金融公司上鉤。

就這個例子而言，在與他人交易過程中，如果事先有準備，能時時且事事提防，便可有效防止受騙。

要防止受騙，還需要具有一定的識騙、防騙能力。騙子騙人要掩蓋自己騙人的眞面目，總是以某種假象出現。如果一個人先增強防騙意識，再具有必要的防騙能力，是可以防止受騙的。

說話辦事攻心術

陶然　編著

Mind reading

Thought identification,
the use of neuroimaging techniques to read human minds

適時玩些心機，
才能順利達成目的

戴維曾說：「英雄之所以迷人，主要原因是他們懂得玩弄權謀，也就是懂得做人們最喜歡看到的事情。」

的確，擺出慈祥和善的臉孔，說著悅耳動聽的話語，正是那些熟諳攻心謀略的英雄人物的拿手好戲，

為了達到自己的目的，他們經常大搞心機工程，以蠱惑的言詞、華麗的表演，改變別人的意志，牽著別人的鼻子走。

做人做事一定要講究策略，才能提昇自己的競爭力。想在人性戰場上勝出，想要左右別人的決定，

「攻心」絕對是必須具備的智慧，如果你不懂得使些心術，不懂得玩些心機，那麼永遠都只是現實社會中的輸家。

智謀經典

51

做人要圓融，做事要靈活

作　　者　羅　策
社　　長　陳維都
藝術總監　黃聖文
編輯總監　王郡凌
出 版 者　普天出版家族有限公司
新北市汐止區忠二街 6 巷 15 號
TEL / (02) 26435033 (代表號)
FAX / (02) 26486465
E-mail：asia.books@msa.hinet.net
http://www.popu.com.tw/
郵政劃撥 19091443 陳維都帳戶
總 經 銷　旭昇圖書有限公司
新北市中和區中山路二段 352 號 2F
TEL / (02) 22451480 (代表號)
FAX / (02) 22451479
E-mail：s1686688@ms31.hinet.net
法律顧問　西華律師事務所・黃憲男律師
電腦排版　巨新電腦排版有限公司
印製裝訂　久裕印刷事業有限公司
出 版 日　2022 (民 111) 年 4 月第 1 版
ISBN◉978-986-389-817-7　　條碼 9789863898177

國家圖書館出版品預行編目資料

做人要圓融，做事要靈活／
羅策著.—第 1 版.—：新北市,普天出版
民 111.4 面； 公分. - (智謀經典；51)
ISBN◉978-986-389-817-7 (平裝)